現役ママお助け隊
が教える

困ったときのお弁当
スキマおかず
300

現役ママお助け隊
監修

日東書院

はじめに

毎日のお弁当作りは、楽しいけれど、ときには大変！
おかずがマンネリ化したり、
彩りがイマイチだったり、
弁当箱にスキマが空いちゃったり…
そんなふうにお弁当で困ったときに活躍するのがこの本。
300ものレシピを掲載しているから、
組み合わせは自由自在。
しかも忙しい朝にはうれしい、ササッとできるものばかり。

冷蔵庫の中にある食材は何があったかな？
食材のページを開いてみれば、
お弁当おかずにアレンジされたアイデアいっぱい。

赤、黄、緑のおかず
黒、白のおかずを彩りよくお弁当箱に詰めれば
栄養もととのったおいしいお弁当のできあがり！

現役ママお助け隊

現役ママお助け隊のお弁当

幼稚園や小学校のお弁当、パパのお弁当など、現役ママたちが毎日作るお弁当には工夫がいっぱい。「お弁当のおかず作りで困った！」「こんなの作ったら喜んだ！」など、リアルな目線からできたのがこの本です。

お弁当困ったストーリー

「子どもの好きなものばかり入れていたから野菜はゼロ。幼稚園の先生に『栄養を考えた方がいいですよ』って言われちゃった！」

「パパのお弁当は気がつけばいつもほぼ同じおかず！ もっとレパートリー増やさなきゃ」

「早起きが本当に苦手。ぱぱっとできるお弁当ってないのかな？」

\困った！/

お弁当の疑問

「冷めてもおいしいおかずってなんだろう？」

「どうしたら見た目もきれい、味もよいお弁当ができるのかな？」

「野菜がしっかり摂れるお弁当にするには？」

「暑い季節にも傷まないお弁当ってどんなの？」

「なるべく火を使わずに簡単に作るには？」

\疑問/

やっちゃったお弁当

「汁をきったつもりがイマイチだったみたい。他のおかずはもちろんご飯までベチョベチョに……」

「のり弁を作ったらのりが全部ふたにはりついていて、ただの白飯になっちゃった！」

「お義母さんにいただいた沢庵。お弁当に入れたら、すべてのおかずがその匂いに……」

「せっかく作ったキャラ弁が、詰め方が甘くてグチャグチャ。娘に泣かれて困った！」

\やっちゃった！/

彩りはこうすればOK

赤・黄・緑・黒・白の5色をなるべく入れましょう！ 見た目が楽しく華やかになるだけでなく、栄養バランスもよいお弁当になります。スキマが空いたら、足りない色からおかずを考えて。

\彩りOK!/

スキマにはこんなおかずを

スキマがあると、おかずが動いて汁気がもれてしまうことも。スキマが空いたら、かまぼこなどの練り物やしゅうまい、肉だんごなど弾力性のあるものをプラスして片寄るのを防ぎます。

\スキマOK!/

こんなのを入れたら喜んだ!

「毎日定番の卵焼きを、あるときから日替わりの具入りに。『今日は何が入っているかな?』と楽しみにしてくれるように」

「ご飯の上にしょうが焼きをがっつりのせた、しょうが焼き丼。前日からタレにつけた肉で、ご飯がどんどん食べられたみたい」

\評判OK!/

現役ママたちがアイデアをプレゼント!

RECIPE BOOK

もくじ

はじめに ……2
現役ママお助け隊のお弁当 ……4
本書の使い方／現役ママお助け隊 ……14

赤のおかず

ミニトマト
トマトのカプレーゼ ……15
白菜とトマトのカレー炒め ……16
大根とトマトのカレー炒め ……16
ピックでアレンジトマト！ ……17
トマトとグレープフルーツのサラダ ……17
トマトとタコのソテー ……17

にんじん
にんじんのナムル ……18
にんじんとささ身のマヨ和え ……18
キャロットサラダ ……19
にんじんのピリ辛きんぴら ……19
にんじんのごま和え ……20
にんじんの和風サラダ ……20
にんじんのイタリアンマリネ ……20
にんじんのコンソメ煮 ……21
にんじんのグラッセ ……21
にんじんの甘煮 ……21

パプリカ
パプリカの梅カツオ和え ……22
パプリカの粒マスタード和え ……22
パプリカのマリネ ……23
パプリカとえりんぎの麺つゆ和え ……23
パプリカとまいたけの麺つゆ和え ……23

advice 1
見栄えをよくする飾り切り
ラディッシュの即席漬け ……24

黄のおかず

さつまいも
さつまいものバターソテー ……25
いもきんとん ……25
さつまいもの大学いも ……26
さつまいものピカタ ……26

ヤングコーン
ヤングコーン炒め ……27
ヤングコーンのマヨ和え ……27

かぼちゃ
かぼちゃの煮物 ……28
かぼちゃの大学いも風 ……28
かぼちゃのマッシュサラダ ……29
かぼちゃのチーズ焼き ……29
かぼちゃきんとん ……30
かぼちゃのバターソテー ……30
かぼちゃとベーコンの簡単炒め ……31

column
カボチャの栄養のヒミツ ... 31

じゃがいも
- 赤しそふりかけポテト ... 32
- 青のりポテト ... 32
- じゃがいもの炒め物 ... 32
- じゃがいものガレット ... 33
- じゃがいもとベーコンのさっと煮 ... 33
- じゃがいももマッシュサラダ ... 34
- コーン入りマッシュサラダ ... 34
- アスパラガス入りマッシュサラダ ... 34
- 枝豆入りマッシュサラダ ... 34
- じゃがいもとハムの細切りサラダ ... 35
- じゃがいものピカタ ... 35
- じゃがいものアリオリソース ... 36
- じゃがいものバターソテー ... 36
- じゃがいもとにんじんの細切りサラダ ... 37
- じゃがいものチーズピザ ... 37

卵
- オクラのだし巻き卵 ... 38
- サンマのう巻き風 ... 38
- パプリカのだし巻き卵 ... 39
- 梅入り卵焼き ... 39

- トマトのエッグキッシュ ... 40
- ミックスベジタブルのエッグキッシュ ... 40
- まいたけのエッグキッシュ ... 41
- かぼちゃのエッグキッシュ ... 41

advice 2
お弁当には欠かせない卵焼き！ ... 42

緑のおかず ... 43

キャベツ
- キャベツの豚肉巻き ... 43
- キャベツの赤パプリカ巻き ... 44
- キャベツの小松菜巻き ... 44
- キャベツとささ身のマヨ和え ... 45

葉物野菜のアレンジレシピ
- レタスの塩昆布和え ... 45
- 小松菜とイカのおひたし ... 45

column
ブロッコリー
栄養豊富な緑黄色野菜。ゆでて冷凍すると便利！
- ブロッコリーのマスタード和え ... 46
- ブロッコリーのマヨ和え ... 46
- ブロッコリーとささ身のおひたし ... 47
- ブロッコリーのごま和え ... 47

ほうれん草
- ほうれん草のごま和え ... 48
- ほうれん草のじゃこ和え ... 49
- ほうれん草のおひたし ... 49
- ほうれん草とツナのおひたし ... 49

ピーマン
- ピーマンとのりの佃煮和え ... 50
- ピーマンの塩昆布和え ... 50
- ピーマンのピリ辛和え ... 51
- ピーマンののり炒め和え ... 51

きゅうり
- きゅうりの中華風サラダ ... 52
- きゅうりの甘酢和え ... 52
- きゅうりとちくわのマヨサラダ ... 53

きゅうりとカニかまのマヨサラダ ……… 53

いんげん
- いんげんと卵の粒マスタード和え ……… 54
- いんげんの塩昆布和え ……… 54
- いんげんとにんじんの豚肉巻き ……… 55
- いんげんとにんじんのキムチ炒め ……… 55

アスパラガス
- アスパラガスのウィンナー炒め ……… 56
- アスパラガスの塩昆布和え ……… 56
- アスパラガスとささ身のピーナッツソース ……… 57
- アスパラガスのマヨ和え ……… 57

ズッキーニ
- ズッキーニのミニグラタン ……… 58

春菊
- 春菊のじゃこ和え ……… 58

オクラ
- オクラのおひたし ……… 59
- オクラのなめたけ和え ……… 59

ゴーヤ
- ゴーヤとコーンの炒め和え ……… 60
- ゴーヤのピリ辛ラー油和え ……… 60

- ゴーヤとベーコンの炒め物 ……… 61
- 簡単ゴーヤチャンプルー ……… 61

ビーンズ
- スナップえんどうのレモン和え ……… 62
- **column** 缶詰のビーンズをアレンジ 鶏肉のミックスビーンズ和え ……… 62
- ひよこ豆のガーリック炒め ……… 63
- 空豆のフリッター風 ……… 63
- 枝豆のフリッター風 ……… 63

水菜
- 水菜とタコのピリ辛炒め ……… 64
- 水菜とハサクの和え物 ……… 65
- 水菜とグレープフルーツの和え物 ……… 65
- 水菜とささ身の和え物 ……… 65

チンゲンサイ
- チンゲンサイとささ身のおひたし ……… 66
- チンゲンサイとホタテのおひたし ……… 66

column 将軍が命名した東京特産の野菜 ……… 66

白のおかず

セロリ
- セロリとささ身のマヨ和え ……… 67
- セロリの塩昆布漬け ……… 68
- セロリのコンソメ漬け ……… 68

白菜
- 白菜の豚肉巻き ……… 69
- 白菜のピリ辛和え ……… 69

大根
- 大根の梅煮 ……… 70
- 大根とにんじんのきんぴら ……… 70
- 大根のピリ辛煮 ……… 71
- 大根とにんじんのなます ……… 71
- 大根の葉っぱじゃこ ……… 71

れんこん
- **アレンジ** れんこんの青のり炒め ……… 72
- れんこんの薄切り炒め ……… 72
- れんこんのキムチ炒め ……… 73
- れんこんのガーリック炒め ……… 73
- れんこんのおやき(枝豆) ……… 74

advice 3 野菜アレンジ術〜マリネ〜

- れんこんのおやき(コーン) ... 74
- 紫キャベツのマリネ ... 75
- ねぎのマリネ ... 75

玉ねぎ
- 玉ねぎとパプリカの和え物 ... 76
- 玉ねぎとみつ葉の和え物 ... 76
- 玉ねぎの塩昆布和え ... 77
- 玉ねぎの焼きのり和え ... 77

column
明治時代に北海道で栽培開始 涙の原因は辛み成分にアリ ... 77

さといも
- さといもとベーコンのサラダ ... 78
- さといもとホタテのサラダ ... 78
- さといもとにんじんのサラダ ... 79
- さといもとコーンのサラダ ... 79

長いも
- 長いもの梅肉和え ... 80
- 長いものひじき和え ... 80
- 長いもの焼きのり炒め ... 81
- 長いもの赤しそふりかけ炒め ... 81
- 長いもの青のり炒め ... 81
- 長いもとベーコン炒め ... 82
- 長いもとりんごの炒め物 ... 82
- 長いものスティック揚げ ... 82

もやし
- もやしと牛肉の中華炒め ... 83
- もやしとハムきゅうの炒め ... 83
- もやしとチンゲンサイの和え物 ... 84
- もやしのキムチ和え ... 84
- 豆もやし炒め ... 85
- もやしと鶏肉のラー油和え ... 85

春雨
- 春雨としいたけの炒め物 ... 86
- カニかま春雨 ... 86
- えのき春雨 ... 87

アレンジ
- しらたきのピリ辛炒め ... 87

うずらの卵
- うずらの卵白ごまぶし ... 88
- うずらの卵青のりまぶし ... 88
- うずらの卵赤しそふりかけまぶし ... 89
- うずらの卵カツオ節まぶし ... 89
- カラフルうずらの卵 ... 90
- うずらの卵ソース漬け ... 90
- うずらの卵フライ ... 90
- うずらの卵麺つゆ漬け ... 90

黒のおかず

こんにゃく
- こんにゃくのピリ辛炒め ... 91
- こんにゃくのゆずこしょう炒め ... 92
- こんにゃくのピリ辛マヨ炒め ... 92

onion

きのこ類
- まいたけのピリ辛炒め ... 93
- しいたけのマリネ ... 93
- パプリカとしめじの麺つゆ和え ... 93

ひじき
- ひじきの煮物 ... 94
- ひじきと大根の炒め物 ... 94
- 基本の五目豆 ... 94
- ひじきと大豆の白和え ... 95
- ひじきとごぼうのきんぴら ... 95

column 栄養豊富で低カロリー ダイエット中のお弁当に ... 95

ごぼう
- 基本のきんぴらごぼう ... 96
- 鶏ひき肉入りきんぴらごぼう ... 96
- きんぴらごぼうの豚肉とピーマンアレンジ ... 96
- ごぼうの洋風和え ... 97
- ごぼうとにんじんのピリ辛マヨ和え ... 97
- ごぼうとにんじんのサラダ ... 97

なす
- なすとエビの炒め物 ... 98
- なすと豚肉のポン酢煮 ... 98
- なすとささ身のポン酢和え ... 99
- なすのキムチ炒め ... 99

ピックでアレンジ
- トマトのハム巻き ... 100
- 長いものハム巻き ... 100
- アスパラガスとハムのチーズ巻き ... 100

魚介のおかず

タラ・サバ
- タラのタルタル添え ... 101
- タラのピリ辛炒め ... 102
- タラのカレーソテー ... 102
- サバのみそ煮 ... 103

column 「魚を食べると頭がよくなる」はホント？ 魚介類に含まれる栄養分は見逃せない！ ... 103

サケ
- サケのムニエル ... 104
- サケのフライ ... 104
- サケの中華炒め ... 105
- サケのマヨネーズ焼き ... 105

イカ
- イカと水菜のピリ辛炒め ... 106
- イカ焼き ... 107
- イカのから揚げ ... 107
- イカのしょうゆ焼き ... 107

エビ
- エビのピリ辛炒め ... 108
- エビとセロリのナムル ... 108
- 簡単エビチリ ... 109
- エビのトースター焼き ... 109
- エビとブロッコリーのサラダ ... 109

肉のおかず

column
体によい塩麹煮もお弁当おかずにIN！

- 厚揚げの塩麹煮 …… 110
- ねぎの塩麹煮 …… 110
- しめじの塩麹煮 …… 110

鶏肉
- 手羽元煮込み …… 111
- ささ身ののり梅ロール …… 111
- えりんぎとパプリカのささ身ロール …… 112
- いんげんのささ身ロール …… 113
- ささ身の青じそチーズ巻き …… 113
- 鶏のから揚げ …… 114
- 鶏のなんこつ揚げ …… 114
- 鶏の手羽先揚げ …… 114
- ナゲット …… 115
- 鶏肉の照り焼き …… 115

column
カロリー控えめ 良質のたんぱく源

advice 4

豚肉
- 豚肉の長いも巻き …… 116
- 豚肉のにんじん巻き …… 116
- 豚肉ののり巻き …… 117
- 豚肉の青じそ巻き …… 117
- パプリカの豚肉巻き …… 117
- 豚キムチ …… 118
- 豚肉とピーマンの炒め物 …… 118
- 豚のしょうが焼き …… 118
- 豚肉の持つパワー …… 119
- 豚の角煮 …… 119

牛肉
- ホタテの牛肉巻き …… 120
- 2色パプリカの牛肉巻き …… 120
- 牛肉と玉ねぎのビーフストロガノフ風 …… 121
- 牛肉の甘辛炒め …… 121

ひき肉
- 和風爆弾バーグ …… 122
- てり焼き爆弾バーグ …… 122
- てり焼きバーグ …… 123
- ミートボール …… 123

がっつりパパごはん♪
- 鶏串 …… 124
- 串カツ …… 124
- トンカツ …… 125
- メンチカツ …… 125
- 砂肝とにらの炒め物 …… 126
- 串焼きレバーのピリ辛和え …… 126

加工食材

ちくわ
- ちくわと春菊のガーリックカツオ節炒め …… 127
- ちくわと小松菜のガーリックカツオ節炒め …… 127
- ちくわのチーズ詰め …… 128
- ちくわのきゅうり詰め …… 128
- ちくわのアスパラガス詰め …… 129

春巻き
- 卵とハムの生春巻き揚げ …… 130

油揚げ

- しいたけとエビの生春巻き揚げ … 130
- エビとパプリカの生春巻き揚げ … 131
- アスパラガスと卵の生春巻き揚げ … 131
- 油揚げの洋風巻き … 132
- さっぱり和風巻き … 132
- ネバネバチーズ巻き … 133
- 油揚げのカニかま巻き … 133

がんもどき

- エビのがんもどき … 134
- 佃煮のがんもどき … 134

餃子・焼売

- ハム＆チーズ餃子 … 135
- 揚げ焼売 … 135

ウィンナー・ソーセージ

- ウィンナー炒め … 136
- 魚肉ソーセージのカレー炒め … 136
- ウィンナーのケチャップ炒め … 137
- 魚肉ソーセージのケチャップ炒め … 137
- ソーセージのピリ辛こしょう炒め … 138

column
ピックを使ったアレンジに挑戦！ … 138

アレンジ
- さといもの甘辛焼き … 138
- ウィンナーとコーンのスティック … 139
- ウィンナーとアスパラガスのスティック … 139
- ウィンナーとパプリカのスティック … 140

advice 5
エコで経済的 シリコンカップ便利術 … 142

残りものシチューをアレンジ！

- 基本のホワイトシチュー … 146
- シチューの包み揚げ … 147
- 基本のビーフシチュー … 147
- ビーフシチューの包み揚げ … 147

マカロニ・パスタ・グラタン … 143

マカロニ
- マカロニグラタン … 143
- サケのマカロニサラダ … 144
- にんじんのマカロニサラダ … 144
- きゅうりとハムのマカロニサラダ … 145
- 和風マカロニグラタン … 145

パスタ
- 明太パスタ … 146
- 和風パスタ … 146
- ミートソースパスタ … 147
- カルボナーラ … 147
- シーフードパスタ … 147

グラタン
- 野菜と鶏のささ身グラタン … 149
- サケグラタン … 149
- 鶏のささ身グラタン … 149

保育園のちびっこにもOK!! お弁当ちびごはん♪

- コロコロボールしゅうまい … 150
- ミニヘルシーバーグ … 151
- ヘルシーミートローフ … 151
- イワシのつみれ焼き … 151
- にんじん入り鶏肉だんご … 152
- グリンピース入り鶏肉だんご … 152

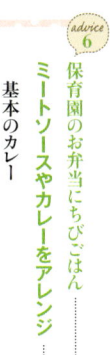

advice 6
保育園のお弁当にちびごはん ミートソースやカレーをアレンジ …… 153
- 基本のミートソース …… 154
- ミートソースの包み揚げ
- 基本のカレー
- カレーの包み揚げ

ごはん …… 155

混ぜごはん …… 155
- コーンアスパラごはん
- タコめし …… 156
- ホタテとベーコンの炒めごはん …… 156
- チキンライス …… 157
- 牛肉のカレー炒めごはん …… 157

おにぎり
- じゃこのおにぎり …… 158
- 梅じゃこのおにぎり …… 158
- みそじゃこのおにぎり …… 159
- いなり寿司 …… 159
- おにぎりのにぎり方 …… 160

彩り弁当に挑戦！ …… 161

- オムライスが入ったお弁当 …… 162
- オムライスボール
- パプリカチーズ巻き
- お花ウィンナー
- **くるくるロールパン弁当** …… 164
- くるくるロールパン
- **おにぎり弁当** …… 166
- 梅と切り干し大根ごはん
- 基本の切り干し大根
- **ホロホロそぼろ弁当** …… 168
- ハムのポテトサラダ包み
- **ちらし寿司弁当** …… 170
- ちらし寿司
- **長方形のシンプル弁当** …… 172

advice 7
- 昔ながらの和風弁当 …… 173
- ちぎり梅ごはんの中華弁当 …… 174
- 3色彩りおにぎり弁当 …… 175
- 野菜アレンジ術 〜カレー粉＆キムチの素〜 …… 176

もっとお弁当を楽しくする …… 177
- お弁当作りの時短テクニック …… 178
- お弁当の冷凍方法 …… 180
- 彩りと栄養のポイント …… 182
- 索引 …… 184

本書の使い方

- 本書で使用している電子レンジは全て600wです。
- 本書で紹介しているおかずは冷蔵庫で保存すれば、作りおきが可能ですが、作りおきした場合は必ずお弁当に入れる前に火を通しましょう。
- 本書で紹介している分量はすべて1人前を基本としています。カップの大きさなどにより1人前が入らない場合、取りわけて盛りつけています。
- 本書で使用しているEXVオリーブ油とはエキストラバージンオリーブオイルのことをさします。
- 1人前の材料を記載しているため、材料にうずらの溶き卵を使用していることがあります。うずらの……と記載が無い場合は、鶏卵を使用しています。また、鶏卵は1個50〜80g、うずらの卵は10〜12gです。鶏卵1個=うずらの卵5個と換算してください。
- 本書で使用しているツナ、シーチキンは缶詰を利用しています。油をきってから使用してください。
- 赤しそふりかけは「ゆかり®」を使用しています。
- オレガノとはシソ科のハーブです。スーパーの調味料売り場などで購入できます。
- ねぎ油は市販のものを使用しています。
- 大さじ1=15g、小さじ1=5gを表します。

=15g =5g

計量スプーンによる重量表(g)実測値

食品名	小さじ (5g)	大さじ (15g)
酢	5	15
酒	5	15
しょうゆ	6	18
食塩	6	18
砂糖	3	9

食品名	小さじ (5g)	大さじ (15g)
ケチャップ	5	15
マヨネーズ	4	12
油	4	12
バター	4	12

協力ブロガー 現役ママお助け隊

＊ machi・高橋真知香 ＊
「machi recipe＊machi life」
http://yaplog.jp/piscesb_m/
冷凍保存できる野菜やお肉は週末にまとめて下ごしらえを。朝は時間をかけずに簡単に素早く作れるアイデアを紹介。

＊ たかぴん ＊
「副菜レシピ〜小さなおかずのレシピ集〜」
http://sidemenu.ti-da.net/
学生時代にお母さんが小さな手紙を添えて、作ってくれたお弁当が今でも思い出に。副菜レシピをブログで紹介。

＊ kazuyo・藤井 和佳 ＊
「kazuyo's Style」
http://homepage3.nifty.com/-kazuyo-/
毎日旦那さんのために、お弁当を作っている。毎日帰ると必ず「ごちそうさま」と言ってくれる言葉がお弁当作りの励みに。

＊ 栗 ＊
「美味福々」
http://h-a-p-p-y.info/blog/
学生時代には夏は凍らせた飲み物を保冷材がわりに持って行っていたとか。ブログでは日々のレシピを紹介。

赤のおかず

色味が強くかわいらしい赤のおかずは、1品プラスするだけでお弁当箱の中がパッと華やかになる魔法の色。

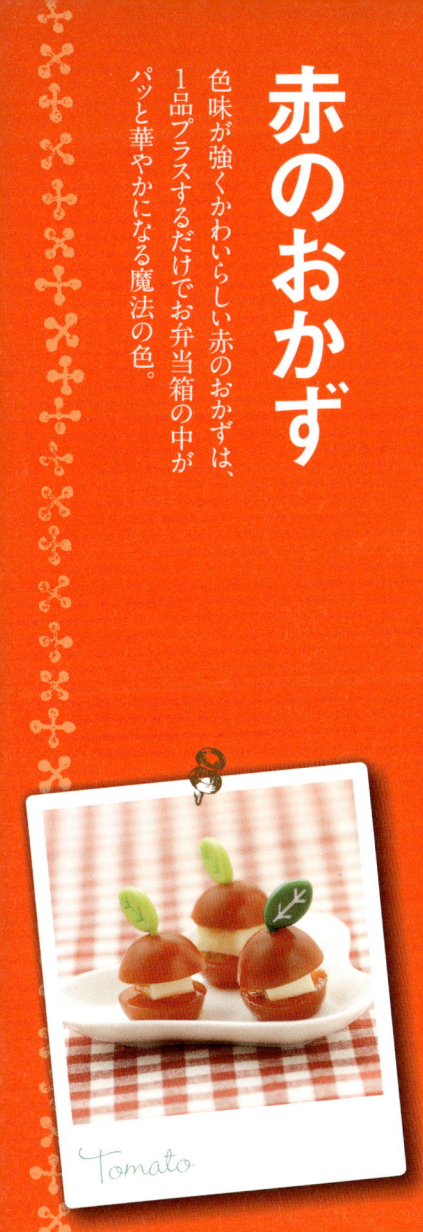

トマトのカプレーゼ

◎材料
ミニトマト……3個、プロセスチーズ……3個

◎作り方
1 ミニトマトは横半分に切る。
2 プロセスチーズは1㎝角に切る。
3 1に2を挟み、ピックをさしてとめる。

ミニトマト

ビタミンA、Cが豊富なトマトは、細胞や血管を丈夫にしてくれます。

白菜とトマトのカレー炒め

◉ 材料

ミニトマト……2個、白菜（葉）……30g、にんにく（薄切り）……少々、ツナ……大さじ1、**A**（カレー粉……少々、しょうゆ……小さじ½、塩・こしょう……各少々）、EXVオリーブ油……小さじ½

◉ 作り方

1. トマトはヘタを取る。白菜はざく切りにする。
2. フライパンにオリーブ油をひき、にんにくを入れて香りが立ったら、1、ツナ、**A**を入れて炒め合わせ、最後にトマトを加えてひと炒めする。

大根とトマトの カレー炒め

◉ 材料

ミニトマト……2個、大根……50g、にんにく（薄切り）……少々、ツナ……大さじ1、**A**（カレー粉……小さじ½、しょうゆ……小さじ½、塩・こしょう……各少々）、EXVオリーブ油……小さじ½

◉ 作り方

1. トマトはヘタを取る。大根は1cm角に切り、下ゆでする。
2. フライパンにオリーブ油をひき、にんにくを入れて香りが立ったら、1、ツナ、**A**を入れ、炒め合わせ、トマトを加えてひと炒めする。

ピックでアレンジトマト!

ミニトマトをピックにさすだけで
チェリーに大変身♪

赤のおかず ― トマト

トマトとグレープフルーツのサラダ

◉ **材料**

ミニトマト……小2個、はちみつ……小さじ½、グレープフルーツ（果肉）……2房

◉ **作り方**

1. トマトはヘタを取って半分に切り、はちみつをかけておく。
2. グレープフルーツは実をほぐしておく。
3. 1と2を軽く和える。

トマトとタコのソテー

◉ **材料**

ミニトマト……2個、にんにく（みじん切り）……½片、タコ……40g、**A**（塩・こしょう……各少々、粉チーズ……少々）、パセリ（みじん切り）……少々、オリーブ油……小さじ1

◉ **作り方**

1. フライパンにオリーブ油をひき、にんにくを入れて炒めて香りが立ったら、乱切りにしたタコとトマトを炒める。
2. **A**を加えて味を調え、パセリを散らす。

にんじん

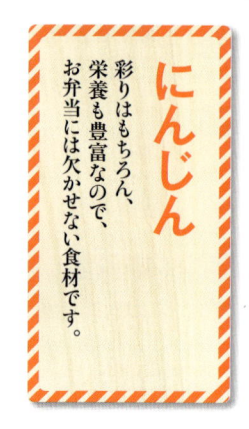

彩りはもちろん、栄養も豊富なので、お弁当には欠かせない食材です。

にんじんのナムル

材料
にんじん……20g、**A**(コチュジャン……小さじ⅓、しょうゆ……小さじ⅓、塩……少々、白ごま……小さじ1、ごま油……少々)

作り方
1. にんじんはせん切りにして、電子レンジで1分30秒ほど加熱する。
2. ボウルに**A**を入れて混ぜ、1を入れて和える。

にんじんとささ身のマヨ和え

材料
にんじん……20g、ささ身……10g、**A**(マヨネーズ……小さじ1、レモン汁……少々、塩・こしょう……各少々、パルメザンチーズ……小さじ⅓)

作り方
1. ささ身は熱湯でゆでて適当な大きさに割く。
2. にんじんは太めのせん切りにして、熱湯でゆでる。
3. ボウルにささ身とにんじん、**A**を入れて和える。

キャロットサラダ

材料
にんじん……20g、塩……少々、フレンチドレッシング……小さじ1、イタリアンパセリ……適量

作り方
1 にんじんは細いせん切りにし、塩もみして水気を絞る。
2 1をフレンチドレッシングで和え、イタリアンパセリを添える。

赤のおかず

にんじん

にんじんの ピリ辛きんぴら

材料
にんじん……20g、鶏ひき肉……40g、**A**(しょうが(すりおろし)……少々、すりごま……少々)、**B**(水……50㎖、キムチ鍋の素……40～50㎖、しょうゆ……少々)、ごま油……少々

作り方
1 にんじんはせん切りにする。
2 熱したフライパンにごま油をひき、**A**と鶏ひき肉、にんじんを入れて炒める。
3 **B**を加えて混ぜながら味を調える。

にんじんのごま和え

材料
にんじん……30g、すりごま……大さじ1、A(白みそ……小さじ1、しょうゆ……小さじ1、砂糖……小さじ1、しょうが(すりおろし)……小さじ⅓)

作り方
1. にんじんは太めのせん切りにする。
2. すりごまはすり鉢に入れてしっかりすり、1、Aを入れて和える。

にんじんの和風サラダ

材料
にんじん……30g、A(和風ドレッシング……小さじ1、すりごま……小さじ½、ゆずこしょう(チューブ)……5mm)

作り方
1. にんじんは太めのせん切りにする。
2. ボウルにAとにんじんを入れて和える。

にんじんのイタリアンマリネ

材料
にんじん……15g、グリーンオリーブ(塩漬け)……1個、A(オリーブ油……小さじ1、酢……小さじ½、砂糖……ひとつまみ、塩・こしょう……各少々)

作り方
1. にんじんは3cm長さの拍子木切りにし、熱湯でゆでる。グリーンオリーブは輪切りにする。
2. Aを混ぜ合わせてから1を加えてさっと和える。しばらくおき、味をなじませる。

にんじんのコンソメ煮

◎ 材料
にんじん（5mm厚さ）……5枚、コンソメ（顆粒）……少々、水……適量

◎ 作り方
1. にんじんは花型で型抜きする。
2. 小鍋ににんじんとコンソメ、ひたひたの水を入れて、やわらかくなるまで煮る。

赤のおかず / にんじん

にんじんのグラッセ

◎ 材料
にんじん……15g、**A**（バター……小さじ½、砂糖……小さじ½）、水……適量

◎ 作り方
1. にんじんは好みの大きさに切る。
2. 小鍋ににんじんと**A**を入れ、ひたひたに水を加えてやわらかくなるまで煮る。

にんじんの甘煮

◎ 材料
にんじん（5mm厚さ）……5枚、**A**（和風だしの素……少々、砂糖……小さじ½、塩……少々）、水……適量

◎ 作り方
1. にんじんは花型で型抜きする。
2. 小鍋ににんじんと**A**、ひたひたに水を加えて、やわらかくなるまで煮る。

パプリカ

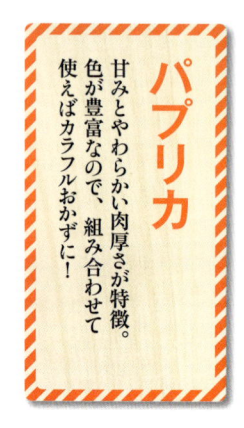

甘みとやわらかい肉厚さが特徴。色が豊富なので、組み合わせて使えばカラフルおかずに!

パプリカの梅カツオ和え

材料
赤・黄パプリカ……各¼個、**A**(梅干し……小1個、カツオ節……小½袋)

作り方
1. パプリカは種を取り、3cm長さの細切りにしてゆでる。
2. ボウルに**A**、1を入れて和える。

パプリカの粒マスタード和え

材料
赤パプリカ……50g、マヨネーズ……大さじ1、粒マスタード……小さじ1

作り方
1. パプリカは種を取り除き、3cm長さの細切りにする。
2. 沸騰したお湯に塩少々(分量外)を入れ、パプリカをさっとゆでて水気を絞る。
3. ボウルにマヨネーズとマスタードを混ぜ合わせ、2を入れて和える。

赤のおかず / パプリカ

パプリカのマリネ

材料
赤・黄パプリカ……各15g、**A**(オリーブ油……小さじ1、酢……小さじ⅓、塩・こしょう……各少々)

作り方
1. パプリカは種を取り除き、2cmの角切りにして、電子レンジで加熱する。
2. ボウルに**A**を混ぜ合わせて、*1*を熱いうちに漬けてしばらくおく。

材料
赤パプリカ……¼個、えりんぎ……½個、**A**(麺つゆ……大さじ½、酢……小さじ⅓、赤唐辛子……½本、カツオ節……½袋)、サラダ油……小さじ1

作り方
1. パプリカは種を取り除き、3cm長さの細切りにする。えりんぎは薄切りにして長さを半分に切る。
2. フライパンにサラダ油を熱し、*1*を炒める。
3. ボウルに**A**を入れて混ぜ合わせ、*2*を入れて和え、しばらく漬ける。

パプリカとえりんぎの麺つゆ和え

パプリカとまいたけの麺つゆ和え

材料
黄パプリカ……¼個、まいたけ……30g、**A**(麺つゆ……小さじ1、酢……小さじ½、赤唐辛子……少々、カツオ節……少々)、サラダ油……小さじ½

作り方
1. パプリカは種を取り除き、3cm長さの細切りにする。まいたけはほぐしておく。
2. フライパンにサラダ油を熱し、*1*を炒める。
3. ボウルに**A**を入れて混ぜ合わせ、*2*を入れて和え、しばらく漬ける。

見栄えをよくする飾り切り

キットを使えば簡単！飾り切りで楽しいお弁当に

お弁当に彩りを添えるテクニックのひとつに飾り切りがあります。もともと飾り切りは、料理に季節感を出したり、食べやすくしたり、調味しやすくしたりするためのもの。それだけでなくお弁当では華やかに楽しくするためという目的もプラスされます。

特に、小さな子どものお弁当作りには飾り切りがかかせません。なかでも「タコさんウィンナー」や「うさぎりんご」は定番。今は半分にカットしたウィンナーを型で押して切り目をつけたものを焼くだけで、たこさんウィンナーやカニさんウィンナーができる便利グッズもあります。野菜などの飾り切りは包丁使いが難しいものも多いのですが、調理バサミを使ったり、お弁当用の飾り切りキットや型抜きを使えば、簡単にできるものもたくさんあるので、ぜひチャレンジしてみてください。

42ページで紹介している卵焼きにひと手間加えてハート型にカットする方法も簡単なアレンジのひとつなので、初心者はまずはココからチャレンジしてみましょう。

ラディッシュの即席漬け

◉ 材料
ラディッシュ……3個、浅漬けの素……大さじ2

◉ 作り方
1. ラディッシュの皮を水玉模様にむく。
2. ビニール袋にラディッシュと浅漬けの素を入れ、約1時間漬ける。

黄のおかず

どんな色とも相性がいい黄のおかずは、まわりの色味も引き立てます。火を通しても栄養の損失が少ないのもポイント！

さつまいもの バターソテー

◎ 材料
さつまいも……60g、塩……少々、A（バター……小さじ1、ポン酢……小さじ½、黒ごま……小さじ½）、サラダ油……小さじ1

◎ 作り方
1. フライパンにサラダ油をひき、皮つきのまま細切りにしたさつまいもを入れて炒め、塩をふる。
2. 火が通ったらAを入れてからめる。

Sweet Potato

さつまいも

食物繊維とビタミンCが豊富。甘みたっぷりで、おかずからデザートまで調理法も多彩。

いもきんとん

材料

さつまいも……50g、**A**(バター……小さじ1、砂糖……小さじ1)、クコの実……1粒

作り方

1. さつまいもは厚めに皮をむき、1cmの輪切りにして水にさらしてゆで、熱いうちにつぶす。
2. 熱いうちに**A**を加えてよく混ぜ合わせる。ラップに包み、絞って形を整え、クコの実を飾る。

さつまいもの大学いも

材料

さつまいも……50g、**A**(黒砂糖……小さじ1、水……大さじ1、しょうゆ……少々)、黒ごま……少々、サラダ油……大さじ1

作り方

1. さつまいもは皮つきのまま乱切りにして耐熱容器に並べ、電子レンジで1分加熱する。
2. フライパンにサラダ油を熱し、1を焼く。
3. さつまいもがほっくりしてきたら余分な油を拭き取り、**A**を加えて煮詰めながら全体にからめ、黒ごまをふる。

さつまいものピカタ

材料

さつまいも……50g、**A**(溶き卵……½個分、粉チーズ……小さじ1、イタリアンハーブミックス、ホワイトペッパー……各少々、塩……ひとつまみ、小麦粉……適量)、サラダ油……適量

作り方

1. さつまいもは厚めに皮をむいて輪切りにし、電子レンジで少しかために加熱して水気を拭き取る。
2. ボウルに**A**を合わせ、1をくぐらせて、サラダ油をひいたフライパンで両面焼き、再び**A**をくぐらせて焼く。

ヤングコーン

トウモロコシが大きくなる前に収穫するのでヤングコーン。葉酸が多く含まれ、生でも食べられます。

ヤングコーン炒め

◉ **材料**

ヤングコーン……3本分、**A**(塩……少々、黒こしょう……少々、粉チーズ……少々、ガーリックパウダー……少々)、サラダ油……小さじ½

◉ **作り方**

1 ヤングコーンは3等分に切る。
2 フライパンにサラダ油を熱し、1 を加えて炒め、**A**で味を調える。

缶詰のヤングコーンを使えばすぐにできます!

ヤングコーンのマヨ和え

◉ **材料**

ヤングコーン……3本、マヨネーズ……小さじ1、塩……少々

◉ **作り方**

1 ヤングコーンは2～3cm長さに切り、マヨネーズと塩で和える。

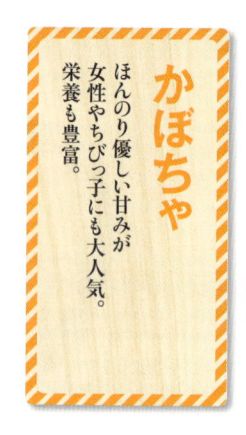

> **かぼちゃ**
>
> ほんのり優しい甘みが女性やちびっ子にも大人気。栄養も豊富。

かぼちゃの煮物

材料

かぼちゃ……50g、A（砂糖……小さじ½、しょうゆ……小さじ½）、水……適量、松の実……少々

作り方

1. かぼちゃは種とワタを取って皮つきのまま2cm角に切る。
2. 小鍋に1、Aを入れ、ひたひたに水を入れてやわらかく煮る。
3. 炒った松の実を散らす。

かぼちゃの大学いも風

材料

かぼちゃ……50g、A（黒砂糖……小さじ½、水……小さじ1）、黒ごま……少々、サラダ油……大さじ1

作り方

1. かぼちゃは種とワタを取って皮つきのまま乱切りにして、耐熱皿に並べて電子レンジで4分加熱する。
2. フライパンにサラダ油をひき、1を焼く。
3. かぼちゃがほっくりしてきたら、余分な油を拭き取り、Aを入れて煮詰めながら全体にからめ、黒ごまをふる。

かぼちゃの マッシュサラダ

材料

かぼちゃ……60g、水……適量、パセリ（みじん切り）……少々、**A**（マヨネーズ……大さじ1、塩・こしょう……各少々、カレー粉……小さじ¼）

作り方

1. かぼちゃは種とワタを取り、ひと口大に切る。耐熱容器に少量の水と *1* を入れ、電子レンジで1分30秒ほど加熱する。
2. 皮を取ってフォークであらくつぶす。
3. ボウルに *2*、**A**を入れ、よく混ぜ合わせる。最後にパセリを散らす。

かぼちゃのチーズ焼き

材料

かぼちゃ……50g、塩・こしょう……各適量、スライスチーズ……大さじ1

作り方

1. かぼちゃは種とワタを取って食べやすい大きさに切り、耐熱皿に並べて電子レンジで4分加熱する。
2. 耐熱カップに *1* を入れ、塩、こしょうをふり、チーズをのせてオーブントースターで焼き色がつくまで焼く。

かぼちゃきんとん

材料
かぼちゃ……60g、水……適量、**A**(バター……2g、砂糖……小さじ½)、白ごま……少々

作り方
1. かぼちゃは種とワタを取り、ひと口大に切る。耐熱容器に少量の水を入れ、電子レンジで1分30秒ほど加熱する。
2. 皮を取り除き、ビニール袋に入れて**A**を加え、よくつぶして混ぜ合わせる。
3. ラップに包み、絞って形を整え、白ごまをふる。

> ラップに包んでキュッと整えるだけですぐできる

> メジャーな調理法はかぼちゃの甘みをひきたたせる

かぼちゃのバターソテー

材料
かぼちゃ……60g、塩……少々、**A**(バター……小さじ½、ポン酢……小さじ1)、サラダ油……小さじ1

作り方
1. かぼちゃは種とワタを取り、5㎜幅に切り、さらに長さを半分に切る。
2. フライパンにサラダ油をひき、*1*を入れて炒め、塩をふる。
3. 火が通ったら**A**を入れてからめる。

> ベーコンとかぼちゃは好相性。ほっくりおいしい♪

かぼちゃとベーコンの簡単炒め

◎ 材料
かぼちゃ……50g、いんげん……1本、ベーコン……½枚、**A**（EXVオリーブ油……小さじ½、にんにく（薄切り）……少々）、塩・こしょう……各少々

◎ 作り方
1. かぼちゃは種とワタを取って5㎜幅に切り、長さを3等分する。
2. いんげんはさっとゆで、2㎝長さの斜め切りにする。ベーコンは1㎝幅に切る。
3. フライパンに**A**、いんげん、ベーコンを入れて炒める。香りが立ったら、1を加えて火が通るまで弱火で焼き、塩、こしょうで味を調える。

黄のおかず / かぼちゃ

column

かぼちゃの栄養のヒミツ♪

かぼちゃにはβ－カロテンが豊富に含まれています。β－カロテンは体の中でビタミンAにかわるので、生活習慣病やガン予防にも効果があると言われています。その他、食物繊維やビタミンB₁、B₂、C、Eも豊富。便秘解消作用や冷えの改善にも効果があるとされているので、お弁当のスキマにぜひ。

pumpkin

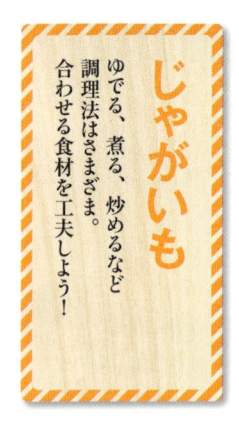

> # じゃがいも
> ゆでる、煮る、炒めるなど調理法はさまざま。合わせる食材を工夫しよう!

赤しそふりかけポテト

材料

じゃがいも……50g、赤しそふりかけ……小さじ1、サラダ油……小さじ½

作り方

1. じゃがいもは皮をむいてひと口大に切り、電子レンジで1分30秒加熱する。
2. フライパンにサラダ油をひき、じゃがいもを炒める。
3. 赤しそふりかけをふりかける。

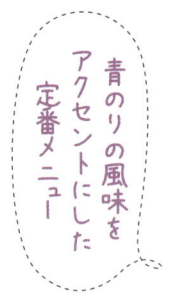

青のりの風味をアクセントにした定番メニュー

青のりポテト

材料

じゃがいも……50g、塩……少々、青のり……小さじ1、サラダ油……小さじ½

作り方

1. じゃがいもは皮をむいてひと口大に切り、電子レンジで1分30秒加熱する。
2. フライパンにサラダ油をひき、じゃがいもを炒める。
3. 塩と青のりをふりかける。

じゃがいもの炒め物

材料

じゃがいも……50g、**A**(レモン果汁……小さじ1、塩……少々、ブラックペッパー……少々、オレガノ……少々、イタリアンパセリ……少々)、サラダ油……小さじ1

作り方

1. じゃがいもは皮をむき、5mm幅の輪切りにして下ゆでする。パセリはみじん切りにする。
2. フライパンにサラダ油を熱して、じゃがいもを炒める。
3. **A**を加えて、味を調える。

じゃがいものガレット

材料

じゃがいも……大1個、サラダ油……適量、塩・こしょう……各少々

作り方

1. じゃがいもは皮をむく。
2. フライパンに薄くサラダ油をひき、1を細切りスライサーでせん切りにしながら入れ、塩、こしょうをする。
3. 2をしきつめるように上から押さえ、弱火で裏面に焼き色がつくまで焼く。かたまったら、裏返してさらに押さえて焼く。外側がカリッとなったら、4つに切り分ける。

じゃがいもとベーコンのさっと煮

材料

じゃがいも……50g、ベーコン……½枚、ゆでさやえんどう……1枚、バター……小さじ1、水……適量、塩……少々、和風だしの素……小さじ½

作り方

1. 皮をむいたじゃがいもとベーコンは2cm角に切る。さやえんどうは3等分に切る。フライパンにバターを溶かし、ベーコン、じゃがいもを炒める。
2. じゃがいもが透き通ってきたら、かぶるくらいの水と塩、和風だしの素を加え、ふたをして約5分煮る。仕上げにさやえんどうを散らす。

アスパラガス入りマッシュサラダ

◉ 材料
じゃがいも……50g、アスパラガス……½本、**A**（コーンスープの素……小さじ1強、マヨネーズ……大さじ1）

◉ 作り方
1. じゃがいもをやわらかくゆでて皮をむき、マッシャーでつぶす。
2. アスパラガスはゆでて、薄い斜め切りにする。
3. じゃがいもが熱いうちに、**A**とアスパラガスを加えて混ぜる。

コーン入りマッシュサラダ

◉ 材料
じゃがいも……50g、コーン缶……大さじ1、**A**（コーンスープの素……小さじ1強、マヨネーズ……大さじ1）

◉ 作り方
1. じゃがいもをやわらかくゆでて皮をむき、マッシャーでつぶす。
2. じゃがいもが熱いうちに、**A**とコーンを加えて混ぜる。

枝豆入りマッシュサラダ

◉ 材料
じゃがいも……50g、ゆで枝豆……12〜15粒、**A**（コーンスープの素……小さじ1強、マヨネーズ……大さじ1）

◉ 作り方
1. じゃがいもをやわらかくゆでて皮をむき、マッシャーでつぶす。
2. じゃがいもが熱いうちに、**A**と枝豆を加えて混ぜる。

じゃがいもとハムの細切りサラダ

材料

じゃがいも……30g、ハム……½枚、**A**（マヨネーズ……大さじ½、粒マスタード……小さじ½、塩・こしょう……各少々、ブラックペッパー……少々）

作り方

1. じゃがいもは皮をむき、せん切りにして食感が残るぐらいに熱湯で約1～2分ゆで、水にさらして水分を切る。
2. ハムはせん切りにして、電子レンジで30秒加熱する。
3. ボウルに**A**、*1*、*2*を入れて和える。

じゃがいものピカタ

材料

じゃがいも……50g、**A**（溶き卵……½個分、粉チーズ……小さじ1、イタリアンハーブミックス……少々、ホワイトペッパー……少々、塩ひとつまみ、小麦粉……適量）、サラダ油……適量

作り方

1. じゃがいもは皮をむき、電子レンジで1分ほど加熱する。少しかために加熱して水気を拭き取る。
2. ボウルに**A**を合わせ、*1*をくぐらせて、サラダ油をひいたフライパンで両面焼き、再び**A**をくぐらせて焼く。

じゃがいもの アリオリソース

材料

じゃがいも —— 50g、**A**（マヨネーズ —— 大さじ1、牛乳 —— 大さじ1、塩 —— 少々、こしょう —— 少々、にんにく（すりおろしチューブ）—— 1㎝）、イタリアンパセリ（みじん切り）—— 少々

作り方

1. じゃがいもは皮をむき、やわらかくゆでて軽くつぶす。
2. ボウルに1と**A**を入れ、じゃがいもが温かいうちに和える。
3. パセリを散らす。

じゃがいもの バターソテー

材料

じゃがいも —— 30g、バター —— 小さじ¼、ポン酢 —— 小さじ½、塩 —— 少々、黒ごま —— 適量、サラダ油 —— 小さじ½

作り方

1. じゃがいもは皮をむき、太めのせん切りにする。
2. フライパンにサラダ油をひき、1を炒める。火が通ったらバター、ポン酢、塩を加えてからめる。
3. 黒ごまも加えてさっくりと混ぜる。

じゃがいもとにんじんの細切りサラダ

◎材料
じゃがいも ⸺ 30g、にんじん ⸺ 薄い輪切り1枚、**A**（マヨネーズ ⸺ 大さじ½、粒マスタード ⸺ 小さじ½、塩・こしょう ⸺ 各少々、ブラックペッパー ⸺ 少々）

◎作り方
1. じゃがいもは皮をむき、せん切りにして食感が残るぐらいに熱湯で約1〜2分ゆで、水にさらして水気を絞る。
2. にんじんはせん切りにして、電子レンジで30秒加熱する。
3. ボウルに**A**、*1*、*2*を入れて和える。

じゃがいもチーズピザ

◎材料
じゃがいも ⸺ 30g、ツナ ⸺ 大さじ1、塩・こしょう ⸺ 各少々、ピザ用チーズ ⸺ 5g、パセリ（みじん切り）⸺ 少々

◎作り方
1. じゃがいもは皮をむき1.5cm角に切り、ゆでて熱いうちにあらめにつぶす。
2. *1*にシーチキンを加えて混ぜ、塩、こしょうで味を調え、耐熱カップに入れる。
3. ピザ用チーズをのせ、パセリをふりかけ、オーブントースターでチーズがとろけるまで焼く。

> 卵
>
> 変幻自在に活躍してくれる卵は、栄養も豊富。言うことなしのスタメン食材。

オクラのだし巻き卵

◉ 材料

オクラ……1本、**A**(溶き卵……1個分、塩・こしょう……各少々、白だし……少々、砂糖……適量、水……小さじ1½)、サラダ油……適量

◉ 作り方

1. オクラはガクのかたい部分を取って塩少々(分量外)で全体をこすり、1分ゆでる。ボウルに**A**を入れて混ぜ合わせる。
2. 卵焼きフライパンにサラダ油を熱し、*1*の**A**を⅓量流し入れ、半熟になったら*1*のオクラをおいて巻く。
3. 卵焼きの要領で残りの**A**を巻き、あら熱がとれたら半分に切る。

サンマのう巻き風

サンマの蒲焼きは缶詰めがオススメ!

◉ 材料

溶き卵……1個分、塩……少々、サンマの蒲焼(汁気をきっておく)……1切れ(30g)、ゆずこしょう……少々、サラダ油……少々

◉ 作り方

1. 溶き卵に塩を入れて混ぜる。
2. 卵焼きフライパンにサラダ油を熱し、*1*を⅓量流し入れ、半熟になったらサンマの蒲焼をのせてゆずこしょうを塗って巻く。
3. 卵焼きの要領で残りの*1*を巻き、あら熱がとれたら半分に切る。

パプリカのだし巻き卵

彩り美人の華やかおかず

◎ 材料

赤パプリカ……⅛個、A(溶き卵……1個分、塩・こしょう……各少々、和風だしの素……少々、砂糖……適量、水……小さじ2)、サラダ油……適量

◎ 作り方

1. パプリカは種を取り除き、縦の細切りにし、電子レンジで30秒加熱する。ボウルにAを入れて混ぜ合わせる。
2. 卵焼きフライパンにサラダ油を熱し、1のAを⅓量流し入れ、半熟になったら1のパプリカをおいて巻く。
3. 卵焼きの要領で残りのAを巻き、あら熱がとれたら半分に切る。

黄のおかず

卵

梅入り卵焼き

梅の酸味がきいた上品おかず

◎ 材料

溶き卵……1個分、梅肉……½個、サラダ油……適量

◎ 作り方

1. 梅肉は細かく刻み、溶き卵に混ぜる。
2. フライパンにサラダ油を熱し、1を数回に分けて流し入れて巻く。

1 トマトのエッグキッシュ

材料

ミニトマト……1個、ベーコン……½枚、キャベツ……10g、コーン……小さじ2、塩・こしょう……各少々、**A**(卵……¼個、コンソメ顆粒……少々、牛乳……大さじ¼、パルメザンチーズ……小さじ¼、塩・こしょう……各少々)、サラダ油……小さじ½

作り方

1. ミニトマトはヘタを取って半分に切る。ベーコン、キャベツは1cm角に切る。
2. フライパンにサラダ油を熱し、*1*、ホールコーンを入れて炒め、塩、こしょうで調味する。
3. ボウルに**A**を入れてよく混ぜ、*2*に流し入れ、半熟になったら耐熱容器に入れる。
4. オーブントースターで軽く焼き色がつくまで焼く。

2 ミックスベジタブルのエッグキッシュ

材料

キャベツ……10g、ハム……1枚、ミックスベジタブル……25g、塩・こしょう……各少々、**A**(卵……¼個、コンソメ顆粒……少々、牛乳……大さじ¼、パルメザンチーズ……小さじ¼、塩・こしょう……各少々)、サラダ油……小さじ½

作り方

1. キャベツ、ハムは1cm角に切る。
2. フライパンにサラダ油を熱し、*1*とミックスベジタブルを入れて炒め、塩、こしょうで調味する。
3. ボウルに**A**を入れてよく混ぜ、*2*に流し入れ、半熟になったら耐熱容器に入れる。
4. オーブントースターで軽く焼き色がつくまで焼く。

3 まいたけの エッグキッシュ

材料
まいたけ……10g、キャベツ……10g、ハム……1枚、塩・こしょう……各少々、A(卵……¼個、コンソメ顆粒……少々、牛乳……大さじ¼、パルメザンチーズ……小さじ¼、塩・こしょう……各少々)、サラダ油……小さじ½

作り方
1. まいたけはほぐしておく。キャベツ、ハムは1cm角に切る。
2. フライパンにサラダ油を熱し、1を入れて炒め、塩、こしょうで調味する。
3. ボウルにAを入れてよく混ぜ、2に流し入れ、半熟になったら耐熱容器に入れる。
4. オーブントースターで軽く焼き色がつくまで焼く。

4 かぼちゃの エッグキッシュ

材料
かぼちゃ……30g、ベーコン……1枚、バター……小さじ½、塩・こしょう……各少々、A(卵……¼個、コンソメ顆粒……少々、牛乳……大さじ¼、パルメザンチーズ……小さじ¼、塩・こしょう……各少々)

作り方
1. かぼちゃは種とワタを取って小さく切り、電子レンジで1分加熱する。ベーコンは食べやすい大きさに切る。
2. フライパンにバターを熱し、1を入れて炒め、塩、こしょうで調味する。
3. ボウルにAを入れてよく混ぜ、2に流し入れ、半熟になったら耐熱容器に入れる。
4. オーブントースターで軽く焼き色がつくまで焼く。

advice 2

お弁当には欠かせない卵焼き！

栄養バランスは完璧
お弁当にはしっかり火を通して

お弁当の定番「卵料理」。卵焼きをはじめ、お弁当の人気メニューです。卵はたんぱく質をはじめ、カルシウムや良質の脂肪、鉄分、ビタミン類などが含まれる栄養バランスのよい食品。さらに消化、吸収性にすぐれているので、少ない量でも効率よく栄養補給ができます。今では卵は安価で価格も安定しているため、どこの家庭でも常備されていますが、昔は高価で病気のときに食べる「特別なもの」。

普通の家庭で卵を常食するようになったのは戦後しばらくしてからです。
卵をお弁当に入れるときには、完全に火を通しましょう。ゆで卵はかたゆでにし、半熟ではなくしっかり火を通します。水煮のうずらの卵も、揚げたり、漬け汁に漬けたりして腐敗を防ぎましょう。

ワンカットで
かわいい卵焼き！

いつもの卵焼きをワンカットでかわいらしくしてみましょう。1本の卵焼きを厚めに切ります。一切れを倒して斜めにカット。片方をひっくり返して、2つをくっつけるとハート型に！ なるべく厚めの卵焼きで作るのがきれいな形にするコツです。

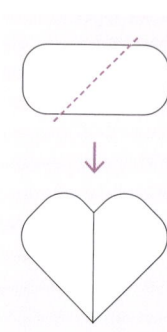

緑のおかず

葉物野菜にきゅうり、ブロッコリーなど、種類が豊富な緑の食材。フレッシュ感を活かして毎日のお弁当にプラスしましょう。

キャベツの豚肉巻き

◎ 材料
キャベツ……1枚、豚肉（薄切り）……2枚（40g）、にんじん……少々、ゆずこしょう……適量

◎ 作り方
1. キャベツは芯を薄くそぎ、切らずにゆでる。豚肉もゆでておく。
2. にんじんはせん切りにしてゆでる。
3. 1のキャベツを広げ、1の豚肉をのせ、2をおいて棒状に巻く。
4. 食べやすい大きさに切り、ゆずこしょうをのせる。

Cabbage

> **キャベツ**
>
> 生のままサラダとしても、加熱して煮込んでも。胃腸を整える効果もあります。

キャベツの赤パプリカ巻き

材料

キャベツ……1枚、豚肉（薄切り）……2枚（40g）、赤パプリカ……適量、ゆずこしょう……少々

作り方

1. キャベツは芯を薄くそぎ、切らずにゆでる。豚肉、細切りにした赤パプリカもゆでておく。
2. 1のキャベツを広げ、豚肉と赤パプリカをのせて棒状に巻く。
3. 食べやすい大きさに切り、ゆずこしょうをのせる。

キャベツの小松菜巻き

材料

キャベツ……1枚、小松菜……適量、豚肉（薄切り）……2枚（40g）、ゆずこしょう……少々

作り方

1. キャベツは芯を薄くそぎ、小松菜と一緒に切らずにゆでる。豚肉もゆでておく。
2. 1のキャベツを広げ、豚肉と小松菜をのせて棒状に巻く。
3. 食べやすい大きさに切り、ゆずこしょうをのせる。

キャベツとささ身の マヨ和え

材料
キャベツ……20g、ささ身……⅛本、**A**(マヨネーズ……小さじ1、塩・こしょう……各少々、パルメザンチーズ……小さじ½)

作り方
1. キャベツはさっとゆでて冷まし、水気を絞って食べやすい大きさに切る。
2. ささ身はゆでてほぐす。
3. ボウルに**A**を入れて混ぜ合わせ、1、2を和える。

葉物野菜のアレンジレシピ

緑のおかず ／ キャベツ

小松菜と イカのおひたし

材料
小松菜(葉先)……2枚、イカの身……30g、**A**(しょうゆ……小さじ1、和風だしの素……少々、カツオ節……適量)

作り方
1. 小松菜は食べやすい大きさに切り、ラップをして電子レンジで1分ほど加熱し、水気を絞る。
2. イカはゆで、食べやすい大きさに切る。
3. ボウルに1、2、**A**を入れて和える。

レタスの 塩昆布和え

材料
レタス……2枚、**A**(塩昆布……3g、ごま油……適量)

作り方
1. レタスは食べやすい大きさにちぎる。
2. ボウルに**A**を入れ、1を加えてさっくり和える。

> ## ブロッコリー
> 花蕾も茎もまるごとめしあがれ。風邪予防にもおすすめの野菜です。

2 ブロッコリーのマヨ和え

◉ 材料
ブロッコリー ⋯⋯ 小3房、マヨネーズ ⋯⋯ 小さじ1、塩 ⋯⋯ 少々

◉ 作り方
1. ブロッコリーは小房に分け、沸騰したお湯に塩少々(分量外)を入れ、さっとゆでてざるに広げて冷ます。
2. 1 が冷めたら、マヨネーズと塩で和える。

1 ブロッコリーのマスタード和え

◉ 材料
ブロッコリー ⋯⋯ 小3房、**A**(マヨネーズ ⋯⋯ 小さじ½、粒マスタード ⋯⋯ 小さじ⅓)

◉ 作り方
1. ブロッコリーは小房に分け、沸騰したお湯に塩少々(分量外)を入れ、さっとゆでてざるに広げて冷ます。
2. ボウルに**A**を混ぜ合わせ、1 を入れて和える。

> ねぎ油の旨みと香りがポイント

ブロッコリーとささ身のおひたし

材料
ブロッコリー……小2房、ささ身……⅓本、**A**（しょうゆ……小さじ1、ねぎ油……小さじ⅓、すりごま……小さじ2弱、和風だしの素……少々）

作り方
1. ブロッコリーは小房に分け、沸騰したお湯に塩少々（分量外）を入れ、さっとゆでてざるに広げて冷ます。ささ身はゆでてほぐす。
2. ボウルに**A**を入れて混ぜ合わせ、*1*を加えて混ぜる。

> ごまの風味としょうがのさわやかさが好相性

ブロッコリーのごま和え

材料
ブロッコリー……3房、すりごま……大さじ1、**A**（白みそ……小さじ1、しょうゆ……小さじ1、砂糖……小さじ1、しょうが（すりおろし）……小さじ⅓）

作り方
1. ブロッコリーは小房に分け、沸騰したお湯に塩少々（分量外）を入れ、さっとゆでてざるに広げて冷ます。
2. すりごまはすり鉢に入れてしっかりすり、*1*、**A**を入れて和える。

ほうれん草

鉄分と葉酸が豊富。
ゆですぎるとビタミンCが
壊れてしまうのでご注意を！

ほうれん草のごま和え

材料

ほうれん草……小1株、すりごま……大さじ1、**A**（白みそ……小さじ1、しょうゆ……小さじ1、砂糖……小さじ1、しょうが（すりおろし）……小さじ⅓）

作り方

1. ほうれん草は水洗いし、沸騰したお湯に塩少々（分量外）を入れてさっとゆでる。水気をしっかり絞り、食べやすい長さに切る。
2. すりごまはすり鉢に入れてしっかりすり、*1*、**A**を入れて和える。

---

column
栄養豊富な緑黄色野菜。ゆでて冷凍すると便利！

ほうれん草は1年中栽培され、ポピュラーな野菜。ビタミン、ミネラルが豊富で、なかでもビタミンAは葉を約6枚分食べれば1日の必要量をカバーできるほど。消化吸収のよい食物繊維も多いので、胃腸を整えて便通をよくしてくれます。季節により品種などが違い、冬もののほうが栄養はすぐれています。ただし、ほうれん草にはアクの成分でもあるシュウ酸が含まれていますが、水溶性なのでゆでると70～80％減らせます。サラダ用ほうれん草はシュウ酸が少ないのでそのまま食べても大丈夫です。ゆでたら小分けにして冷凍すれば、お弁当のおかずにすぐ使えて便利です。

Spinach

ほうれん草のじゃこ和え

材料
ほうれん草……2株、A（しょうゆ……小さじ⅓、ごま油……小さじ⅓）、ちりめんじゃこ……大さじ½

作り方
1. ほうれん草は水洗いし、沸騰したお湯に塩少々（分量外）を入れてさっとゆでる。水にさらして水気を絞り、食べやすい大きさに切る。
2. ボウルにAを入れて混ぜ合わせ、1、ちりめんじゃこを加えて和える。

ほうれん草のおひたし

材料
ほうれん草……2株、A（カツオ節……小½袋、しょうゆ……少々）

作り方
1. ほうれん草は水洗いし、沸騰したお湯に塩少々（分量外）を入れてさっとゆでる。
2. ゆであがった1を冷水にさらし、水気を絞って2～3cmに切る。
3. 2をAで和える。

ほうれん草とツナのおひたし

材料
ほうれん草……2株、A（ツナ……大さじ1、しょうゆ……少々）

作り方
1. ほうれん草は水洗いし、沸騰したお湯に塩少々（分量外）を入れてさっとゆでる。
2. ゆであがった1を冷水にさらし、水気を絞って2～3cmに切る。
3. 2をAで和える。

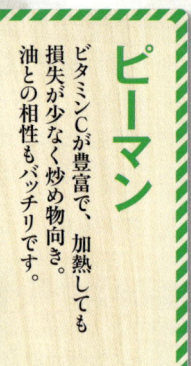

> ## ピーマン
> ビタミンCが豊富で、加熱しても損失が少なく炒め物向き。油との相性もバッチリです。

2 ピーマンの塩昆布和え

◎ 材料
ピーマン……小1個、バター……小さじ1、塩昆布……適量、ごま……小さじ½

◎ 作り方
1. ピーマンは種を取り、太めのせん切りにする。
2. フライパンにバターを溶かし、1を炒める。
3. 塩昆布、ごまを加えて和える。

1 ピーマンとのりの佃煮和え

◎ 材料
ピーマン……小1個、のりの佃煮……適量

◎ 作り方
1. ピーマンは種を取り、太めのせん切りにしてさっとゆでる。
2. ボウルにのりの佃煮、1を入れて和える。

緑のおかず ピーマン

4 ピーマンの のり炒め和え

材料
ピーマン……小1個、バター……小さじ1、焼きのり……1/6枚、ごま……小さじ1/2、塩……少々

作り方
1 ピーマンは種を取り、太めのせん切りにする。
2 フライパンにバターを溶かし、1を炒め、焼きのりをちぎって入れる。
3 ごま、塩を加えて炒め合わせる。

3 ピーマンの ピリ辛和え

材料
ピーマン……小1個、A(ラー油……適量、ごま……小さじ1/2、塩……少々)

作り方
1 ピーマンは種を取り、太めのせん切りにしてさっとゆでる。
2 ボウルにAを入れて混ぜ合わせ、1を加えて和える。

きゅうり

水分が多い野菜なので、水気をしっかりきってから使うことがポイント。

きゅうりの中華風サラダ

材料

きゅうり……2cm、春雨（乾燥）……5g、ちくわ……⅓本、中華ドレッシング……小さじ1½

作り方

1. 春雨はゆでて冷水につけ、水気を絞り、3cm長さに切る。
2. ちくわは薄い輪切りにする。きゅうりは薄切りにして塩少々（分量外）でもみ、水気を絞る。
3. ボウルに1、2を入れ、中華ドレッシングで和える。

お酢で和えているので持ちもよくなります

きゅうりの甘酢和え

材料

きゅうり……15g、ツナ……大さじ1、A（しょうが……少々、酢……小さじ1、塩……少々、砂糖……小さじ⅓）

作り方

1. きゅうりは斜めのせん切りにし、塩少々（分量外）でもみ、水気を絞る。
2. ボウルに1、ツナを入れ、Aで和える。

> ちくわときゅうりの
> シンプルサラダ

きゅうりとちくわのマヨサラダ

◎ **材料**

きゅうり……15g、ちくわ……½本、**A**(マヨネーズ……小さじ1、塩……ひとつまみ)

◎ **作り方**

1 きゅうりは薄切りにして塩少々(分量外)でもみ、水気を絞る。
2 ボウルに輪切りにしたちくわ、*1*、**A**を入れ、混ぜ合わせる。

> カニかまの赤が
> お弁当のアクセントに

きゅうりとカニかまのマヨサラダ

◎ **材料**

きゅうり……15g、カニかま……2本、**A**(マヨネーズ……小さじ1、塩……ひとつまみ)

◎ **作り方**

1 カニかまは2cm長さに切る。きゅうりは薄切りにして塩少々(分量外)でもみ、水気を絞る。
2 ボウルに*1*、**A**を入れ、混ぜ合わせる。

いんげん

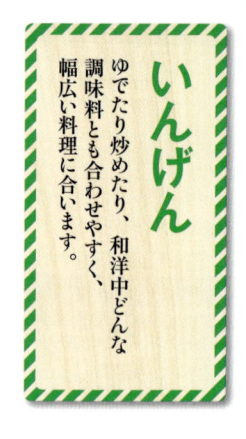

ゆでたり炒めたり、和洋中どんな調味料とも合わせやすく、幅広い料理に合います。

いんげんと卵の粒マスタード和え

材料
いんげん……2本、ゆで卵……½個分、A（マヨネーズ……大さじ½、カレー粉……少々、塩・こしょう……各少々、粒マスタード……小さじ⅓）

作り方
1. いんげんは2～3等分に斜め切りにしてゆでる。
2. ボウルにAを入れて混ぜ合わせる。
3. カップにあらみじん切りにしたゆで卵と1を入れ、2をかける。

塩昆布は時短レシピの強い味方！

いんげんの塩昆布和え

材料
いんげん……3本、バター……小さじ½、A（塩昆布……ひとつまみ、すりごま……小さじ⅓）

作り方
1. いんげんはゆでて斜めに切る。
2. フライパンにバターを溶かし、1を炒める。
3. Aを加えてさっくり混ぜ合わせる。

いんげんとにんじんの豚肉巻き

材料
いんげん……2本、豚肉……1枚、にんじん……少々、A（しょうゆ……小さじ1、みりん……小さじ½）、サラダ油……小さじ1

作り方
1. 豚肉はAで下味をつけておく。
2. にんじんは拍子木切りにし、いんげんと一緒に下ゆでする。
3. 1に2をのせて巻き、フライパンにサラダ油を熱して焼く。あら熱がとれたら半分に切る。

いんげんとにんじんのキムチ炒め

材料
いんげん……2本、にんじん……¼本、A（キムチ鍋の素……大さじ1、練り梅……小さじ1強）、塩・こしょう……各少々、ごま油……小さじ1

作り方
1. いんげんはゆでて3cm長さに切る。にんじんは3cm長さの短冊切りにし、ゆでる。
2. ボウルにAを合わせておく。
3. フライパンにごま油を熱し、1を入れて炒める。塩、こしょうをして2を加え、からめる。

> アスパラガス
>
> さまざまな食材とマッチするクセのない味。穂先が締まっていて真っすぐなものを選んで。

アスパラガスのウィンナー炒め

◎ **材料**

ウィンナー……1本、アスパラガス……½本、塩・こしょう……各少々、サラダ油……小さじ½

◎ **作り方**

1 ウィンナーは斜めに切る。アスパラガスははかまを取り、斜めに切る。
2 フライパンにサラダ油を熱し、1を入れて炒め、塩、こしょうで味を調える。

> チャチャっとアレンジしたアスパラを彩りに

アスパラガスの塩昆布和え

◎ **材料**

アスパラガス……1本、バター……小さじ½、**A**（塩昆布……ひとつまみ、すりごま……小さじ⅓）

◎ **作り方**

1 アスパラガスは根本のかたい部分の皮をむき、はかまも取る。
2 沸騰したお湯に塩少々（分量外）を入れ、1をさっとゆでて冷水にさらし、水気をとる。
3 **A**を加えてさっくり混ぜ合わせる。

アスパラガスと
ささ身の
ピーナッツソース

材料
アスパラガス……1本、ささ身……⅓本、**A**(ピーナッツバター……小さじ1、しょうゆ……小さじ1、酒……小さじ1)

作り方
1. ささ身はゆでて、ほぐしておく。アスパラガスはゆでて、3cm長さに切る。
2. 耐熱容器に**A**を混ぜ合わせ、電子レンジで20秒加熱する。
3. ボウルに*1*を入れ、*2*で和える。

アスパラガスの
マヨ和え

材料
アスパラガス……1本、マヨネーズ……小さじ½、塩……少々

作り方
1. アスパラガスは根元のかたい部分の皮をむき、はかまも取る。
2. 沸騰したお湯に塩少々(分量外)を入れ、*1*をさっとゆでて冷水にさらし、水気をとる。
3. 2～3cmに切り、マヨネーズ、塩を入れて和える。

ズッキーニ

きゅうりに似ているけれど、実はかぼちゃの仲間。冷めてもおいしい！

ズッキーニのミニグラタン

材料

ズッキーニ……3～4切れ、じゃがいも……30g、玉ねぎ……10g、ツナ……15g、飾り用マヨネーズ……適量**A**（マヨネーズ……大さじ1、塩……少々、こしょう……少々）、

作り方

1. ズッキーニは1cm厚さの輪切りに、じゃがいもは皮をむいて、サイの目切りにする。玉ねぎはみじん切りにする。
2. じゃがいもと玉ねぎを電子レンジで1分30秒加熱し、ツナと**A**を加えて和える。
3. ズッキーニに *2* をのせ、マヨネーズを細く絞る。オーブントースターで5分焼く。

春菊

香り高く、独特のほろ苦さが美味！鍋だけでなく、お弁当のおかずとしても。

春菊のじゃこ和え

材料

春菊……1本、ちりめんじゃこ……2g、**A**（しょうゆ……小さじ½、和風だしの素……小さじ¼、ごま油……小さじ½）

作り方

1. 春菊はさっとゆで、水にさらして水気を絞り、食べやすい大きさに切る。
2. ボウルに**A**を入れて混ぜ合わせ、*1*、ちりめんじゃこを加えて和える。

オクラ

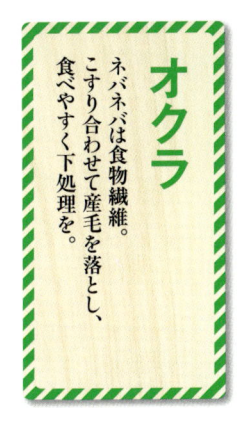

ネバネバは食物繊維。こすり合わせて産毛を落とし、食べやすく下処理を。

オクラのおひたし

材料
オクラ……2本、**A**（和風だしの素……小さじ½、水……50㎖、しょうが汁……小さじ1）

作り方
1. ボウルに**A**を入れて溶いておく。
2. オクラはガクのかたい部分を取ってゆでる。冷水にとり、2等分に切って*1*に漬ける。

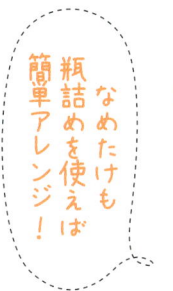

> なめたけも瓶詰めを使えば簡単アレンジ！

オクラのなめたけ和え

材料
オクラ……2本、なめたけ……大さじ1

作り方
1. オクラはガクのかたい部分を取ってゆでる。冷水にとり、3等分に切る。
2. ボウルに*1*となめたけを入れて和える。

ゴーヤ

沖縄野菜の代表格。沖縄の健康と長寿を支えてきたスーパー食材です。

ゴーヤとコーンの炒め和え

◎ 材料
ゴーヤ……1/8本、プロセスチーズ……1個、コーン……大さじ1、**A**（カレー粉……小さじ1/2弱、フレンチドレッシング、大さじ2、にんにく（すりおろし）……適量）黒こしょう……適量、オリーブ油……小さじ2

作り方
1. ゴーヤは種を取って薄切りにして塩ゆでし（分量外）、水気をよく絞る。チーズは1cm角に切る。
2. フライパンにオリーブ油をひき、にんにくを入れて香りが立ったら、*1*、コーン、**A**を入れて炒め、黒こしょうをふる。

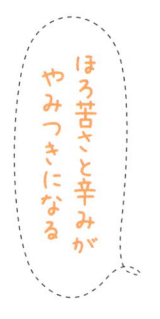

ほろ苦さと辛みがやみつきになる

ゴーヤのピリ辛ラー油和え

◎ 材料
ゴーヤ……1/6本、**A**（具入りラー油……小さじ1、しょうゆ……小さじ1弱、刻みのり……適量、炒りごま……小さじ1/2）

作り方
1. ゴーヤは種を取って薄切りにして塩ゆでし（分量外）、水気をよく絞る。
2. ボウルに**A**を入れて混ぜ合わせ、*1*にからめる。

ゴーヤとベーコンの炒め物

材料
ゴーヤ……½本、ベーコン……⅙枚、A(しょうゆ……小さじ1、カレー粉……小さじ1弱、塩・こしょう……各少々)、サラダ油……適量

作り方
1. ゴーヤは種を取って薄切りにして塩ゆで(分量外)し、水気をよく絞る。ベーコンは1cm幅に切る。
2. フライパンにサラダ油をひき、1を炒めてAで味を調える。

簡単ゴーヤチャンプルー

材料
ゴーヤ……⅙本、豚肉(しゃぶしゃぶ用)……適量、豆腐……⅒丁、A(カツオ節……1袋、しょうゆ……小さじ1、和風だしの素……少々)、サラダ油……小さじ1

作り方
1. 豆腐は水切りしておく。
2. ゴーヤは種を取って薄切りにして塩ゆで(分量外)し、水気をよく絞る。豚肉は食べやすい大きさに切る。
3. フライパンにサラダ油を熱し、2の豚肉を炒め、火が通ったら2のゴーヤ、Aを加え、1の豆腐をくずしながら炒め合わせる。

ビーンズ

栄養バランスに優れた豆類は、毎日でも食べたい食材。アレンジしてお弁当に。

スナップえんどうのレモン和え

材料
スナップえんどう……4本、レモンスライス……1枚、粉チーズ……適量、バター……4g、A(塩・こしょう……各少々、しょうゆ……少々、ガーリックパウダー……適量)

作り方
1. スナップえんどうは塩ゆで(分量外)して、中央を斜めに切る。レモンスライスは4等分に切る。
2. フライパンにバターを溶かし、スナップえんどうを炒めてAで味をつける。
3. レモンを散らし、粉チーズをふる。

缶詰のビーンズをアレンジ

ひよこ豆のガーリック炒め

材料
ひよこ豆……45g、A(塩……少々、黒こしょう……少々、粉チーズ……小さじ½、ガーリックパウダー……少々)、パセリ……少々、サラダ油……小さじ1

作り方
1. フライパンにサラダ油を熱し、ひよこ豆を炒めてAで味を調える。
2. 1をカップに盛り、パセリを添える。

鶏肉のミックスビーンズ和え

材料
ミックスドライビーンズ……大さじ2、鶏もも肉……30g、にんじん……10g、グリンピース……大さじ1、ごまドレッシング……小さじ2

作り方
1. 鶏肉は小さく切る。にんじんはさいの目切りにしてゆでる。
2. ボウルに1、ミックスドライビーンズ、グリンピースを入れ、ドレッシングで和える。

> お手軽に楽しめる揚げ物をお弁当に

空豆のフリッター風

材料

空豆 …… 5個、**A**（天ぷら粉 …… 大さじ1、カレー粉 …… 小さじ⅛、水 …… 大さじ1）、塩 …… 適量、揚げ油 …… 適量

作り方

1. ボウルに**A**を入れて混ぜ合わせておく。
2. 空豆の皮をむき、*1* の衣をつけて170℃の油で揚げ、キッチンペーパーに取って油をよくきる。
3. 塩をまぶし、ピックにさす。

> かき揚げ風に仕上げて食べやすさもアップ

枝豆のフリッター風

材料

枝豆 …… 10～15個、**A**（天ぷら粉 …… 大さじ1、カレー粉 …… 小さじ⅛、水 …… 大さじ1）、塩 …… 適量、揚げ油 …… 適量

作り方

1. ボウルに**A**を入れて混ぜ合わせておく。
2. 枝豆をさやから出し、*1* の衣をつけて170℃の油で揚げ、キッチンペーパーに取り、油をきって塩をまぶす。

水菜とタコのピリ辛炒め

材料

水菜……適量、タコ……30g、小麦粉……適量、**A**（具入りラー油……適量、塩・こしょう……各少々）、サラダ油……小さじ1

作り方

1. タコはぶつ切りにし、小麦粉をまぶす。
2. 水菜は3cm長さに切る。
3. フライパンにサラダ油を熱し、*1*、*2*を入れて炒め、**A**で味を調える。

水菜

シャキシャキの食感とどんな味にも染まる淡泊な味わい。肉や魚の臭みを消す働きも。

水菜とハッサクの和え物

材料
水菜……10g、玉ねぎ……10g、**A**(塩……少々、ハッサク(果肉)……2房、昆布茶……小さじ⅓杯)

作り方
1. 水菜は2cm長さに切る。玉ねぎは薄切りにして長さを半分に切る。
2. ボウルに**A**、*1*を入れ、混ぜ合わせて15分ほどおく。

水菜とグレープフルーツの和え物

材料
水菜……10g、グレープフルーツ(果肉)……2房、**A**(オリーブ油……小さじ½、酢……小さじ¼、塩……ひとつまみ)

作り方
1. 水菜は2cm長さに切る。グレープフルーツは実をほぐしておく。
2. ボウルに**A**を入れて混ぜ合わせ、*1*を加えて和える。

水菜とささ身の和え物

材料
水菜……10g、ささ身……⅓本、**A**(マヨネーズ……小さじ½、しょうゆ……小さじ½、黒ごま……小さじ½、塩・こしょう……各少々、ごま油……小さじ½)

作り方
1. 水菜は3cm長さに切る。ささ身はゆでてほぐす。
2. ボウルに**A**を入れて混ぜ合わせ、*1*を加えて和える。

チンゲンサイとささ身のおひたし

◎ 材料
チンゲンサイ……⅓株、ささ身……⅓本、**A**(しょうゆ……小さじ⅓、ごま油……小さじ⅓、すりごま……小さじ1)

◎ 作り方
1. チンゲンサイはざく切りにして、色よくゆでておく。ささ身はゆでてほぐす。
2. ボウルに**A**を入れて混ぜ合わせ、*1*を加えて混ぜる。

チンゲンサイ
アクがなく、煮くずれないので煮物や炒め物に。肉厚な軸はやわらかくて食べやすい。

チンゲンサイとホタテのおひたし

◎ 材料
チンゲンサイ……½株、**A**(しょうゆ……小さじ1、和風だしの素……少々)、ホタテ(缶詰)……1缶

◎ 作り方
1. チンゲンサイは食べやすい大きさに切り、ラップをして電子レンジで2分ほど加熱し、水気を絞る。
2. ボウルに*1*、水気を絞ったホタテ、ホタテ缶の汁小さじ1、**A**を入れて和える。

---

column
将軍が命名した東京特産の小松菜

江戸時代、5代将軍綱吉が江戸・小松川に鷹狩りに行った際に食し、青菜にこの土地の名をつけたと言う、東京が産地の野菜です。葉がギザギザしているものは珍しい東洋種と呼ばれ、丸い葉っぱの西洋種があります。よく私たちがスーパーで見かけるのは西洋種です。ビタミンやカルシウム、カリウム、鉄などが豊富で、なかでもビタミンB_2は野菜の中でもトップクラス。カルシウムはほうれん草の5倍もあり、総合的な栄養価はほうれん草よりも勝っています。

白のおかず

彩り弁当にアクセントを加え、全体をキリリと引き締めて明るい印象にしてくれます。エネルギーの素となる主食もこの仲間です。

セロリとささ身のマヨ和え

◎ 材料

セロリ……5cm、ささ身……小½本、A（マヨネーズ……小さじ2、しょうゆ……小さじ1）

◑ 作り方

1 セロリは薄切りにする。
2 ささ身はゆでてほぐす。
3 ボウルにA、1、2を入れて和える。

> **セロリ**
> 独特の香りも食べ慣れればクセになる香味野菜。においが苦手なら牛乳で煮て和らげます。

（かんたん調味料の塩昆布を使って）

セロリの塩昆布漬け

◎ 材料
セロリ……10cm、塩昆布……ひとつまみ

◎ 作り方
1. セロリは薄切りにし、ビニール袋に入れる。
2. 塩昆布を加えて手でよくもみ、しばらくおいて、味をなじませる。

（さっぱりした洋風浅漬け）

セロリのコンソメ漬け

◎ 材料
セロリ……10cm、コンソメの素……小さじ½

◎ 作り方
1. セロリは薄切りにし、ビニール袋に入れる。
2. コンソメの素をふって手でよくもみ、しばらくおいて、味をなじませる。

白菜

水分が多い野菜なので、水気をきってお弁当へ。和洋中どんな味にもしっくりなじむ。

白菜の豚肉巻き

材料
白菜……1枚、豚バラ肉……2枚(20g)、水……200㎖、鶏ガラスープの素……小さじ1、水溶き片栗粉(1:1で溶いたもの)……適量、塩……少々

作り方
1. 沸騰した湯に鶏ガラスープの素を溶かし、白菜をゆでて取りだしておく。スープはそのままとっておく。
2. 冷めた 1 の白菜に豚肉をのせて巻き、1 のスープに入れて煮て火が通ったら取りだす。
3. 鍋に残ったスープに水溶き片栗粉でとろみをつけ、塩で味を調える。
4. 2 を3つに切り、3 をかける。

＊豚肉と一緒ににんじんを巻くと色味も鮮やかに♪

白菜のピリ辛和え

材料
白菜……20g、えのき……10g、カニかま……1本、和風だしの素……少々、A(しょうが(すりおろし)……少々、ラー油……5滴)

作り方
1. 白菜はせん切りにする。えのきは3〜4等分に切る。カニかまは手でさく。
2. 小鍋に湯を沸かし、和風だしの素を加えて、1 をゆでる。
3. ボウルにAを入れて混ぜ合わせ、水気をきった 2 を熱いうちに入れて混ぜ合わせる。

大根

先端は辛みが強め、真ん中は甘み、葉に近い部分はかたいので用途に合わせて使い分けて。

大根の梅煮

材料

大根……20g、**A**（梅干し……¼個、しょうが（すりおろし）……少々、和風だしの素……少々）、水……適量

作り方

1. 大根は5mm角の拍子木切りにする。梅干しは種を取り除き果肉を包丁でたたく。
2. 小鍋に大根と**A**、ひたひたの水に入れて、大根がやわらかくなるまで煮る。

大根とにんじんのきんぴら

材料

大根……2cm分、にんじん……15g、和風だしの素……2g、**A**（ごま油小さじ½、しょうゆ……小さじ½、にんにく（すりおろし）……½片分、塩……ひとつまみ、すりごま……小さじ½）

作り方

1. 大根とにんじんは細切りにする。
2. 小鍋にお湯を沸かし、和風だしの素を加え、大根とにんじんをゆでて水気をきる。
3. ボウルに**A**を入れて混ぜ合わせ、2を熱いうちに入れて和える。

大根のピリ辛煮

材料
大根……80g、小ねぎ……少々、豚ひき肉……20g、水……適量、A(鶏ガラスープの素……ひとつまみ、コチュジャン……小さじ½、焼き肉のたれ……小さじ2)、サラダ油……小さじ1

作り方
1. 大根は1.5cm角切りにし、小ねぎを小口切りにする。
2. 鍋にサラダ油をひき、ひき肉を炒めて色がかわったら大根を加える。
3. 大根がひたるくらいの水を加え、水分が少なくなったらAを加えて味を調え、小ねぎを散らす。

大根とにんじんのなます

材料
大根……20g、にんじん……10g、A(すりごま……小さじ½、すし酢……小さじ1、砂糖……小さじ½、赤唐辛子(輪切り)……少々)

作り方
1. 大根とにんじんをせん切りにし、塩少々(分量外)をふってもみ、水気を絞る。
2. 1にAを入れて和え、しばらくおく。

大根の葉っぱじゃこ（アレンジ）

材料
大根の葉……35g、ちりめんじゃこ……大さじ1½、ごま油……小さじ1

作り方
1. 大根の葉は色よくゆで、冷水にとって水気を絞り、細かく刻む。
2. フライパンにごま油を熱し、1とちりめんじゃこを炒める。

れんこん

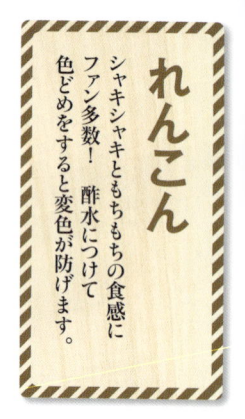

シャキシャキともちもちの食感にファン多数！酢水につけて色どめをすると変色が防げます。

れんこんの青のり炒め

材料
れんこん（水煮）……50g、青のり……適量、塩……少々、オリーブ油……大さじ1

作り方
1. フライパンにオリーブ油を熱し、薄切りにしたれんこんを入れて炒める。
2. 塩で味を調え、青のりを加えてからめる。

> れんこんの水煮はスーパーで買ったものをアレンジしても◎

れんこんの薄切り炒め

材料
れんこん（水煮）……50g、バター……小さじ2½、しょうゆ……少々、塩・こしょう……各少々、粉山椒……適量

作り方
1. フライパンにバターを溶かし、薄切りにしたれんこんを炒める。
2. しょうゆを加えてからめ、塩、こしょうで味を調える。なじんだら粉山椒をふる。

れんこんのキムチ炒め

材料
れんこん（水煮）……35g、いんげん……適量、A（キムチ鍋の素……大さじ1、練り梅……小さじ1強）、塩・こしょう……各少々、ごま油……小さじ1

作り方
1. いんげんはゆでて3cm長さに切る。
2. Aを合わせておく。
3. フライパンにごま油を熱し、薄切りにしたれんこん、1 を入れて炒める。塩、こしょうをして 2 を加え、からめる。

> れんこんといんげんの歯ごたえを楽しんで

> シャキシャキの歯ごたえとピリ辛がポイント

れんこんのガーリック炒め

材料
れんこん……20g、にんにく（すりおろしチューブ）……5mm、赤唐辛子（輪切り）……少々、A（酢……小さじ1、塩・こしょう……各少々）、EXVオリーブ油……小さじ1

作り方
1. れんこんは薄いいちょう切りにする。
2. フライパンにオリーブ油をひき、弱火でにんにく、赤唐辛子を入れて炒める。
3. 香りがたったら、れんこんを加えて火を通し、Aで味を調える。

れんこんのおやき（枝豆）

材料

れんこん……100g、**A**（塩……ひとつまみ、片栗粉……小さじ2弱、しょうが（すりおろし）……少々）、枝豆……6粒、ごま油……適量

作り方

1. れんこんはすりおろし、**A**を加えて混ぜ合わせる。
2. *1*の形を整え、枝豆をトッピングする。
3. フライパンにごま油を熱し、*2*を入れて焼き、ふたをして弱火で蒸し焼きにする。

お好みのトッピングでアレンジも簡単！

もちふわのおもしろ食感がやみつきに

れんこんのおやき（コーン）

材料

れんこん……100g、**A**（塩……ひとつまみ、片栗粉……小さじ2弱、しょうが（すりおろし）……少々）、コーン……6粒、ごま油……適量

作り方

1. れんこんはすりおろし、**A**を加えて混ぜ合わせる。
2. *1*の形を整え、コーンをトッピングする。
3. フライパンにごま油を熱し、*2*を入れて焼き、ふたをして弱火で蒸し焼きにする。

advice 3

野菜アレンジ術 〜マリネ〜

野菜を漬け込むだけ！オシャレ常備菜

お弁当に「あと1品何か入れたい…」というときに便利なのが野菜のマリネ。週末にたくさん作って冷蔵庫に入れておけば、3日〜1週間くらい保存ができます。キャベツやセロリ、玉ねぎやきゅうりなどは生のまま、にんじんや大根などはかためにゆでてから、沸騰させて酢の香りや酒のアルコール分を飛ばしたマリネ液に漬け込むだけ。ズッキーニや長ねぎは焼いてからマリネにします。

ねぎのマリネ

◎ 材料
ねぎ……6cm、オリーブ油……大さじ1、**A**（EXVオリーブ油……小さじ1、酢……小さじ⅓、塩……ひとつまみ、レモン汁……小さじ½）

◎ 作り方
1 ねぎは1cm長さに切る。
2 フライパンにオリーブ油を熱し、ねぎを焼き色がつくまで焼く。
3 ボウルに**A**を合わせ、2を熱いうちに漬けてしばらくおく。

紫キャベツのマリネ

◎ 材料
紫キャベツ……15g、**A**（オリーブ油……小さじ1、酢……小さじ½、塩・こしょう……各少々、砂糖……小さじ½）

◎ 作り方
1 紫キャベツをせん切りにする。
2 **A**を電子レンジで30秒熱し、熱いうちに1を加えて混ぜ合わせる。
3 しばらく漬けてなじませる。

> # 玉ねぎ
>
> 他の野菜とも組み合わせやすい便利野菜。ツーンとくる辛みは水でさらすと和らぎます。

玉ねぎとパプリカの和え物

材料

玉ねぎ …… 1/8個、ハム …… 1枚、黄色パプリカ …… 適量、**A**（塩・こしょう …… 各少々、サラダ油 …… 小さじ2、レモン汁 …… 小さじ1/2）

作り方

1. 玉ねぎは薄切りにし、塩少々（分量外）でもんで水気を絞る。
2. ハムは太めのせん切り、パプリカは3cm長さの薄切りにする。
3. ボウルに**A**を入れて混ぜ合わせ、1と2を加えて和える。

お弁当に入れるときは水分をしっかりとって

玉ねぎとみつ葉の和え物

材料

玉ねぎ …… 20g、みつ葉 …… 5g、**A**（ポン酢 …… 小さじ2、ごま油 …… 少々）、ツナ …… 大さじ1

作り方

1. 玉ねぎは薄切りにし、キッチンペーパーで水分を拭き取る。みつ葉はざく切りにする。
2. ボウルに**A**を入れて混ぜ合わせ、ツナ、1を加えて和える。

玉ねぎの塩混布和え

材料
玉ねぎ……⅙個、塩昆布……ひとつまみ

作り方
1. 玉ねぎは薄切りにし、塩少々(分量外)でもんで水気を絞る。
2. ボウルに1と塩昆布を入れ、さっくり和える。

玉ねぎの焼きのり和え

材料
玉ねぎ……⅙個、塩……ひとつまみ、焼きのり……適量

作り方
1. 玉ねぎは薄切りにし、塩少々(分量外)でもんで水気を絞る。
2. ボウルに1、塩、焼きのりをちぎって入れ、和える。

---

column
明治時代に北海道で栽培開始 涙の原因は辛み成分にアリ

ふだん私たちが食べている玉ねぎは、実は葉。葉の下部分が成長するに従って厚みを増し、重なり合って球体に太ったものです。玉ねぎは生で食べるとピリッとした辛みがありますが、これが玉ねぎを切るときに私たちを悩ませる涙の原因。玉ねぎの辛みは硫化アリルという成分で、切ったときにこれが空気に触れて催涙性物質を発生させます。

onion

> さといも
>
> 食物繊維が豊富で低カロリー。
> ねっとりとした
> 食感を生かして調理を。

2 さといもと
ホタテのサラダ

◎ 材料
さといも ―― 50g、**A**（マヨネーズ ―― 大さじ⅔、塩・こしょう ―― 各少々、豆乳 ―― 小さじ1強、ゆずこしょう ―― 少々）、ホタテ（刺身用）―― 1個

◎ 作り方
1 さといもをゆでて皮をむき、ボウルに入れてマッシャーでつぶし、**A**を加えて混ぜ合わせて味を調える。
2 ホタテを電子レンジで40秒加熱し、ほぐして 1 と混ぜる。

1 さといもと
ベーコンのサラダ

◎ 材料
さといも ―― 50g、**A**（マヨネーズ ―― 大さじ⅔、塩・こしょう ―― 各少々、豆乳 ―― 小さじ1強、ゆずこしょう ―― 少々）、ベーコン ―― ½枚

◎ 作り方
1 さといもをゆでて皮をむき、ボウルに入れてマッシャーでつぶし、**A**を加えて混ぜ合わせて味を調える。
2 ベーコンを1cm幅に切り、電子レンジで30秒加熱して 1 と混ぜる。

> ゆずこしょうを抜けばチビコにも♪

白のおかず ≡ さといも

4 さといもとコーンのサラダ

◎ 材料

さといも……50g、**A**（マヨネーズ……大さじ⅔、塩・こしょう……各少々、豆乳……小さじ1強、ゆずこしょう……少々）、コーン……大さじ1

◎ 作り方

1. さといもをゆでて皮をむき、ボウルに入れてマッシャーでつぶし、**A**を加えて混ぜ合わせて味を調える。
2. 1にコーンを入れて混ぜる。

3 さといもとにんじんのサラダ

◎ 材料

さといも……50g、**A**（マヨネーズ……大さじ⅔、塩・こしょう……各少々、豆乳……小さじ1強、ゆずこしょう……少々）、にんじん……10g

◎ 作り方

1. さといもをゆでて皮をむき、ボウルに入れてマッシャーでつぶし、**A**を加えて混ぜ合わせて味を調える。
2. にんじんを薄くいちょう切りにして、電子レンジで1分加熱し、1と混ぜる。

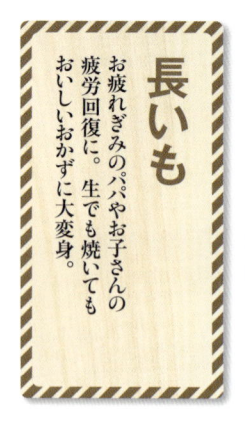

> **長いも**
>
> お疲れぎみのパパやお子さんの疲労回復に。生でも焼いてもおいしいおかずに大変身。

長いもの梅肉和え

材料
長いも──50g、バター──小さじ1、練り梅──チューブ2㎝、塩・こしょう──各少々、ポン酢──小さじ½

作り方
1 長いもは拍子木切りにする。
2 フライパンにバターを溶かし、1を入れて炒め、練り梅を加えて混ぜる。
3 塩、こしょうをしてポン酢をからめる。

長いもはバターで炒めるとほっくり仕上がります

長いものひじき和え

材料
長いも──50g、バター──小さじ1、塩ひじき(市販ふりかけ)──小さじ1、塩・こしょう──各少々、ポン酢──小さじ½

作り方
1 長いもは拍子木切りにする。
2 フライパンにバターを溶かし、1を入れて炒め、塩ひじきを加えて混ぜる。
3 塩、こしょうしをしてポン酢をからめる。

長いもの焼きのり炒め

材料

長いも……50g、バター……小さじ1、**A**(塩・こしょう……各適量、ガーリックパウダー……適量)、焼きのり……1/6枚

作り方

1. 長いもは拍子木切りにする。
2. フライパンにバターを溶かし、1を焼き色がつくまで炒める。
3. **A**を加えて味を調え、焼きのりをちぎって入れる。

長いもの赤しそふりかけ炒め

材料

長いも……50g、バター……小さじ1、**A**(塩・こしょう……各適量、ガーリックパウダー……適量)、赤しそふりかけ……小さじ1/2

作り方

1. 長いもは拍子木切りにする。
2. フライパンにバターを溶かし、1を焼き色がつくまで炒める。
3. **A**を加えて味を調え、赤しそふりかけをふる。

長いもの青のり炒め

材料

長いも……50g、バター……小さじ1、**A**(塩・こしょう……各適量、ガーリックパウダー……適量)、青のり……小さじ1/2

作り方

1. 長いもは拍子木切りにする。
2. フライパンにバターを溶かし、1を焼き色がつくまで炒める。
3. **A**を加えて味を調え、青のりをふる。

長いもとベーコン炒め

◎ 材料

長いも……50g、ベーコン……½枚、バター……小さじ1、A（粒マスタード……小さじ¼、しょうゆ……小さじ¼、塩・こしょう……各少々）

◎ 作り方

1. 長いもは拍子木切りにする。ベーコンは1cm幅に切る。
2. フライパンにバターを溶かし、1をこんがり炒めてAで味を調える。

長いもとえりんぎの炒め物

◎ 材料

長いも……50g、えりんぎ……小1本、バター……小さじ1、ミックスビーンズ……15g、A（塩・こしょう……各少々、粉チーズ……小さじ½、ガーリックパウダー……少々）

◎ 作り方

1. 長いもは拍子木切りにする。えりんぎは薄切りにして、長さを半分に切る。
2. フライパンにバターを溶かし、1、ミックスビーンズを入れて炒め合わせ、Aで味を調える。

長いものスティック揚げ

◎ 材料

長いも……30g、塩……小さじ½、オレガノ……小さじ½、サラダ油……10g

◎ 作り方

1. 長いもは拍子木切りにする。
2. フライパンにサラダ油を熱し、1をこんがり素揚げして油をきる。
3. 塩とオレガノをふる。

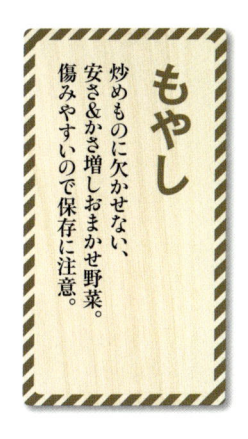

> # もやし
> 炒めものに欠かせない、安さ&かさ増しおまかせ野菜。傷みやすいので保存に注意。

もやしと牛肉の中華炒め

◉ 材料
もやし……25g、牛肉(こま切り)……50g、**A**(中華ドレッシング……小さじ2、しょうが汁……少々)、ごま油……小さじ1

◉ 作り方
1 フライパンにごま油を熱し、もやし、牛肉を入れて炒める。
2 **A**を加えて味を調える。

きゅうりを加えてもやしに彩りをプラス

もやしとハムきゅう炒め

◉ 材料
もやし……20g、ハム……5g、きゅうり……10g、中華ドレッシング……小さじ1

◉ 作り方
1 ハムときゅうりは、細切りにする。
2 フライパンにもやしと1を入れて炒め、火を止めて中華ドレッシングで和える。

すりごまの風味を活かした一品おかず

もやしとチンゲンサイの和え物

材料
もやし……20g、チンゲンサイ……½株、麺つゆ……小さじ1、すりごま……小さじ1

作り方
1. もやしとチンゲンサイはゆでて水にさらして水気をきる。チンゲンサイは食べやすい大きさに切る。
2. ボウルに1と麺つゆを入れ、すりごまを加えて和える。

ピリっと辛めのおかずはパパのお弁当にも◎

もやしのキムチ和え

材料
もやし……30g、キムチの素……小さじ½

作り方
1. もやしはさっとゆでて、水気をきる。
2. 1をキムチの素で和える。

> 食物繊維たっぷりの豆もやしを炒め物で

豆もやし炒め

材料

豆もやし……20g、ピーマン……1/2個、しめじ……20g、**A**(塩……少々、にんにく(すりおろし)……少々、白すりごま……小さじ1、ごま油……小さじ1、しょうゆ……小さじ1/2、酢……小さじ1/2)、コーン……大さじ1/2

作り方

1. ピーマンは細切りにし、しめじは石づきを取ってほぐす。
2. もやし、ピーマン、しめじはさっとフライパンで炒める。
3. **A**とコーンを加えて味を調えながらさらに炒める。

> もやしはゆですぎずシャキシャキ感を残して

もやしと鶏肉のラー油和え

材料

もやし……25g、鶏むね肉……50g、**A**(具入りラー油……小さじ1/4、ポン酢……小さじ2、すりごま……小さじ1、小ねぎ(小口切り)……少々)

作り方

1. 鶏肉は薄切りにする。
2. 小鍋でもやしをゆで、水気をきる。残りの湯で 1 をゆでて水気をとる。
3. ボウルに**A**を入れて混ぜ合わせ、2 を加えて和える。

春雨

カロリーを気にせず入れられるプラス一品おかず。野菜と一緒にヘルシーに仕上げて。

春雨としいたけの炒め物

材料

春雨(乾燥) ⋯⋯ 5g、しいたけ ⋯⋯ ½枚、にんじん ⋯⋯ 5g、いんげん ⋯⋯ 5g、**A**(しょうゆ ⋯⋯ 小さじ1、塩 ⋯⋯ ひとつまみ、こしょう ⋯⋯ 少々、ごま油 ⋯⋯ 小さじ1、にんにく(みじん切り) ⋯⋯ 少々、しょうが(みじん切り) ⋯⋯ 少々)

作り方

1. 春雨をゆでて食べやすい長さに切る。
2. しいたけは薄切り、にんじんはせん切り、いんげんは斜め薄切りにし、耐熱皿に入れて電子レンジで1分加熱する。
3. ボウルに**A**を入れて混ぜ合わせ、1、2を加えて和える。

カニかま春雨

材料

春雨(乾燥) ⋯⋯ 5g、カニかま ⋯⋯ 1本、きぬさや ⋯⋯ 2本、**A**(マヨネーズ ⋯⋯ 小さじ1、コチュジャン ⋯⋯ 小さじ⅓、酢 ⋯⋯ 小さじ⅓、炒りごま ⋯⋯ 小さじ⅓)

作り方

1. 春雨をゆでて食べやすい長さに切る。カニかまは食べやすい大きさにさく。
2. きぬさやはゆでて細切りにする。
3. ボウルに**A**を入れて混ぜ合わせ、1、2を入れて和える。

えのき春雨

材料
春雨(乾燥)……5g、えのき……10g、きぬさや……2本、**A**(マヨネーズ……小さじ1、コチュジャン……小さじ⅓、酢……小さじ⅓、炒りごま……小さじ⅓)

作り方
1. 春雨をゆでて食べやすい長さに切る。えのきは3cm長さに切り、電子レンジで30秒加熱する。
2. きぬさやは色よくゆでて細切りにする。
3. ボウルに**A**を入れて混ぜ合わせ、*1*、*2*を入れて和える。

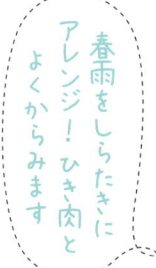

春雨をしらたきにアレンジ！ひき肉とよくからみます

アレンジ

しらたきのピリ辛炒め

材料
しらたき……25g、トウバンジャン……少々、鶏ひき肉……15g、しょうゆ……小さじ⅓、ごま油……小さじ½

作り方
1. しらたきは下ゆでし、水気をきって食べやすい長さに切る。
2. 鍋にごま油を熱し、トウバンジャンを炒めて香りが出てきたら、*1*、ひき肉を入れる。
3. ひき肉が炒まったら、しょうゆを加えて味を調える。

うずらの卵

コロコロかわいいうずらの卵はスキマを埋める救世主。味つけしだいで彩り豊かに。

1 うずらの卵 白ごままぶし

● 材料

うずらの卵……4個、白ごま……適量

● 作り方

1 うずらの卵はゆでて殻をむく。
2 1に白ごまをまぶす。

2 うずらの卵 青のりまぶし

● 材料

うずらの卵……4個、青のり……適量

● 作り方

1 うずらの卵はゆでて殻をむく。
2 1に青のりをまぶす。

白のおかず うずらの卵

3 うずらの卵 赤しそふりかけまぶし

材料
うずらの卵 ―― 4個、赤しそふりかけ ―― 適量

作り方
1 うずらの卵はゆでて殻をむく。
2 1に赤しそふりかけをまぶす。

4 うずらの卵 カツオ節まぶし

材料
うずらの卵 ―― 4個、カツオ節 ―― 適量

作り方
1 うずらの卵はゆでて殻をむく。
2 カツオ節は細かくし、1にまぶす。

※卵は痛みやすいので半熟はひかえ、火をよく通しましょう。

カラフルうずらの卵

うずらの卵ソース漬け

◎ **材料**

うずらの卵……2個、ソース……適量

◎ **作り方**

1. うずらの卵はゆでて殻をむく。
2. ビニール袋に *1* とソースを入れ、2～3時間おいて味をつける。
3. ピックにさしたり、半分に切ったりする。

※ソースはウスターソース、中濃ソース、お好みで使用してください。

うずらの卵フライ

◎ **材料**

うずらの卵……2個、小麦粉……少々、うずらの溶き卵……½個分、パン粉……適量、揚げ油……適量

◎ **作り方**

1. うずらの卵はゆでて殻をむく。
2. *1* に小麦粉、溶き卵、パン粉を順につけ、170℃の揚げ油で揚げる。

うずらの卵麺つゆ漬け

◎ **材料**

うずらの卵……2個、麺つゆ……大さじ2

◎ **作り方**

1. うずらの卵はゆでて、殻をむく。
2. ビニール袋にうずらの卵と麺つゆを入れ、1～2時間漬ける。

黒のおかず

ビタミン、ミネラル、食物繊維が豊富で低カロリーな黒い食材は、生活習慣病予防やメタボ予防にも最適。

Devil's Tongue

こんにゃくの ピリ辛炒め

材料
こんにゃく……小¼枚、いんげん……1本、**A**（和風ドレッシング……小さじ1、赤唐辛子（輪切り）……少々、カツオ節……⅓袋）、ごま油……小さじ½

作り方
1. こんにゃくは2cm角に切り、下ゆでする。
2. いんげんはゆでて、2cm長さの斜め切りにする。
3. フライパンにごま油を熱し、1、2、**A**を入れて炒める。

こんにゃく

食物繊維たっぷりでヘルシー。
濃いめの味つけで
パンチの利いたおかずに。

こんにゃくのゆずこしょう炒め

材料
こんにゃく……30g、**A**（塩・こしょう……各少々、ゆずこしょう（チューブ）……1cm）、サラダ油……適量

作り方
1. こんにゃくはひと口大に切り、下ゆでする。
2. フライパンにサラダ油を熱し、1、**A**を加えて炒め合わせる。

こんにゃくのピリ辛マヨ炒め

材料
こんにゃく……30g、さやえんどう……2枚、にんにく（みじん切り）……½片分、**A**（マヨネーズ……小さじ½、しょうゆ……小さじ½、塩・こしょう……各少々）、サラダ油……小さじ½

作り方
1. こんにゃくは2cm角に切り、下ゆでする。
2. さやえんどうは筋を取り、ゆでて斜め切りにする。
3. フライパンにサラダ油を熱し、にんにくを入れて香りが立ったら、1、2、**A**を入れて炒め合わせる。

きのこ類

種類豊富なきのこがメイン食材を引き立てます。

まいたけのピリ辛炒め

材料

まいたけ……20g、にんじん……10g、赤唐辛子……少々、**A**(しょうゆ……小さじ½、砂糖……小さじ⅓、松の実……小さじ½)、ごま油……小さじ1

作り方

1. まいたけは石づきを取って小房に分け、にんじんは細切りにする。
2. フライパンにごま油を熱し、まいたけ、にんじん、赤唐辛子を炒める。しんなりしたら、**A**を加えてさらに炒める。

しいたけのマリネ

材料

しいたけ……2個、えのき……適量、**A**(オリーブ油……小さじ1、酢……小さじ½、塩・こしょう……各適量、レモン汁……小さじ½、しょうゆ……小さじ½)

作り方

1. しいたけは薄切りにして、えのきは2㎝長さに切る。
2. 1を耐熱容器に入れ、電子レンジで40秒加熱し、**A**で和える。

パプリカとしめじの麺つゆ和え

材料

しめじ……20g、オレンジパプリカ……10g、**A**(麺つゆ……小さじ1、酢……小さじ½、赤唐辛子……少々、カツオ節……½袋)、サラダ油……小さじ½

作り方

1. しめじは石づきを取ってほぐしておく。パプリカは3㎝長さの細切りにする。
2. フライパンにサラダ油を熱し、1を炒める。
3. ボウルに**A**を入れて混ぜ合わせ、2を入れて和える。

ひじきとごぼうのきんぴら

ひじき
カルシウムは牛乳の約12倍！戻したときの水の色は、ひじきの色素なのでご心配なく。

材料
ひじき(乾燥) …… 大さじ½、ごぼう …… 50g、A(みりん …… 小さじ1、黒糖 …… 小さじ1、酒 …… 大さじ½、しょうゆ …… 大さじ1、水 …… 大さじ2)、ごま油 …… 小さじ1

作り方
1. ひじきは水で戻す。ごぼうはささがきにする。
2. フライパンにごま油を熱し、1のごぼうを炒める。
3. ごぼうに火が通ったら1のひじき、Aを加えて炒め合わせる。

ひじきと大豆の白和え

材料
ひじき …… 大さじ½、木綿豆腐 …… 20g、基本の五目豆(下記参照) …… 40g、A(しょうゆ …… 小さじ1、和風だしの素 …… 少々

作り方
1. ひじきは水で戻し、豆腐は1cmの角切りにする。
2. ひじきと豆腐はゆでて水気を絞る。
3. ボウルに基本の五目豆、1、Aを入れて和える。

1品レシピ

基本の五目豆

材料(2人分)
ゆで大豆 …… 100g、れんこん …… 40g、ごぼう …… 40g、にんじん …… 30g、昆布 …… 3cm角、A(砂糖 …… 大さじ1と½、しょうゆ …… 大さじ1、和風だしの素 …… 小さじ½)、水 …… 適量

作り方
1. れんこん、ごぼうは小さめの乱切りにし、にんじんは1cmの角切りにする。
2. 昆布ははさみで1cm角に切る。
3. 鍋にゆで大豆、1、2を入れ、かぶるくらいの水とAを入れて煮る。

ひじきと大根の炒め物

材料
ひじき(乾燥)……3g、大根……10g、ピーマン……5g、にんじん……5g、塩・こしょう……各少々、ごま油……小さじ½

作り方
1. ひじきは水で戻す。大根、ピーマン、にんじんはせん切りにする。
2. フライパンにごま油を熱し、1を炒め、塩、こしょうで味を調える。

ひじきの煮物

材料
芽ひじき(乾燥)……5g、にんじん……20g、油揚げ……¼枚、ベーコン……½枚、**A**(だし汁……50㎖、塩……少々、砂糖……小さじ1、しょうゆ……小さじ1)、サラダ油……適量

作り方
1. にんじんは太めのせん切りにする。油揚げ、ベーコンは短冊切りにする。
2. フライパンにサラダ油を熱し、水で戻した1を入れてよく炒める。油がなじんだら、混ぜ合わせた**A**を加えて煮汁がなくなるまで煮含める。

---

column : 栄養豊富で低カロリー ダイエット中のお弁当に

昆布やわかめ、ひじきなどの海藻類は、低カロリーなのでメタボが気になるパパのお弁当や、ダイエット中の人のお弁当には最適な食材。カルシウム、リンなどのミネラルや、ビタミン類、たんぱく質もバランスよく含まれ、食物繊維も豊富です。炒め煮や酢の物など、常備菜になる物も多いのでお弁当に取り入れてみましょう。

ごぼう

冷めてもおいしいシャキシャキの歯ごたえ。食物繊維が豊富で整腸作用あり。

2 鶏ひき肉入りきんぴらごぼう

◎ 材料
基本のきんぴらごぼう……20g、鶏ひき肉……20g、しょうゆ……小さじ⅓

◎ 作り方
1. フライパンを熱し、鶏ひき肉、しょうゆを入れて炒める。
2. 基本のきんぴらごぼうを入れて、さらに炒める。

1 きんぴらごぼうの豚肉とピーマンアレンジ

◎ 材料
基本のきんぴらごぼう……20g、豚ばら肉……10g、ピーマン……½個、しょうゆ……小さじ½

◎ 作り方
1. 豚肉は細かく切る。ピーマンは種を取り、せん切りにする。
2. フライパンに1の豚肉としょうゆを入れて炒め、火が通ったら基本のきんぴらごぼうと1のピーマンを加えて炒め合わせる。

1品レシピ

基本のきんぴらごぼう

◎ 材料(作りやすい分量)
ごぼう……100g、にんじん……20g、A(砂糖……小さじ1、しょうゆ……小さじ2、酒……小さじ2、白ごま……小さじ1)、ごま油……小さじ1

◎ 作り方
1. ごぼう、にんじんはせん切りにする。
2. フライパンにごま油を熱し、1を入れてしんなりするまで炒める。
3. Aを加え、汁気がなくなるまで炒める。

ごぼうの洋風和え

材料
ごぼう……20g、にんじん……5g、きゅうり……5g、プロセスチーズ……適量、A（マヨネーズ……大さじ1、しょうゆ……小さじ½、ごま油……小さじ½、白ごま……小さじ1）

作り方
1. ごぼうはささがき、にんじんは細切りにして下ゆでする。きゅうりはせん切りにし、塩少々（分量外）でもんで水気を絞る。プロセスチーズは食べやすい大きさに切る。
2. ボウルにAを入れて混ぜ合わせ、1を加えて和える。

ごぼうとにんじんのピリ辛マヨ和え

材料
ごぼう……20g、にんじん……7g、きゅうり……5g、A（マヨネーズ……大さじ½、具入りラー油……小さじ½、しょうゆドレッシング……小さじ1、白ごま……小さじ½）

作り方
1. ごぼうはささがきにし、にんじんは短冊切りにして下ゆでする。きゅうりはせん切りにし、塩少々（分量外）でもんで水気を絞る。
2. ボウルにAを混ぜ合わせ、1、2を入れて和える。

ごぼうとにんじんのサラダ

材料
ごぼう……20g、にんじん……10g、A（マヨネーズ……小さじ1、塩……少々、こしょう……少々、すりごま……小さじ½）

作り方
1. ごぼうとにんじんはそれぞれ3㎝長さのせん切りにし、下ゆでする。
2. 水分をよく切り、Aで和える。

> **なす**
>
> ほとんどが水分で、栄養素は多くありませんが、体を冷やす効果があるので、夏の暑い時期におすすめ。

なすとエビの炒め物

材料

なす……⅓本、枝豆（冷凍）……5粒、むきエビ……3尾、A（鶏がらスープの素……小さじ¼、カレー粉……小さじ½、塩……少々）、サラダ油……小さじ½

作り方

1. 冷凍枝豆は常温で戻しておく。
2. なすは皮をむいてひと口大に切り、水にさらして水気を拭き取る。
3. フライパンにサラダ油を熱し、2とエビを炒め、1を加えてAで味を調える。

ポン酢でさっぱりといただける一品おかず

なすと豚肉のポン酢煮

材料

なす……⅓本、豚肉……20g、塩……少々、片栗粉……少々、こしょう……少々、A（マイルドポン酢……小さじ2、コチュジャン……少々、しょうがせん切り……少々、ごま油……小さじ½）、サラダ油……大さじ1

作り方

1. なすは乱切りにし、水にさらして水気を拭き取る。
2. 豚肉は塩、こしょうをふって、片栗粉をまぶす。Aは合わせておく。
3. サラダ油で豚肉となすを揚げ焼きにし、Aでからめる。

なすとささ身のポン酢和え

◎ 材料
なす……20g、ささ身……⅓本、ポン酢……小さじ1、揚げ油……適量

◉ 作り方
1. なすは食べやすい大きさに切り、素揚げして冷ましておく。
2. ささ身はゆでて、ほぐす。
3. ボウルに1、2を入れ、ポン酢で和える。

> さっぱりとしたポン酢とささ身の相性は抜群！

> ピリっとアクセントが効く

なすのキムチ炒め

◎ 材料
なす……20g、いんげん……1本、キムチ鍋の素……小さじ½、ごま油……小さじ⅓、揚げ油……適量

◉ 作り方
1. なすは小さめの乱切りにし、素揚げしておく。
2. いんげんはゆでて2cm長さの斜め切りにする。
3. フライパンにごま油を熱し、1、2を入れて炒めてキムチ鍋の素で味を調える。

トマトのハム巻き

材料
ミニトマト……3個、ベーコン……1枚、黒こしょう(あらびき)……適量

作り方
1. ミニトマトは洗ってヘタを取る。ベーコンは3等分にする。
2. ベーコンを広げて1をのせて巻き、巻き終わりをピックでとめる。
3. 耐熱容器に2を並べ、電子レンジで1分加熱し、黒こしょうをふる。

長いものハム巻き

材料
長いも……50g、ハム……2枚、大葉……2枚、梅肉……適量、サラダ油……少々

作り方
1. 長いもは拍子木切りにする。フライパンにサラダ油を熱し、長いもとハムをさっと炒める。
2. 1のハムに大葉をのせて梅肉を塗り、1の長いもを芯にして巻く。
3. 巻き終わりをピックでとめ、半分に切る。

アスパラガスとハムのチーズ巻き

材料
アスパラガス……½本、ハム……1枚、スライスチーズ……1枚

作り方
1. アスパラガスは色よくゆでる。
2. チーズの上にハムを重ね、1を芯にして巻き、ピックでとめて半分に切る。

魚介のおかず

ヘルシーで栄養たっぷりの魚のおかずは、マヨネーズや甘酢で個性的に味をつけても変化があっておいしく食べられます。

タラのタルタル添え

◎ 材料

タラ……½切れ、塩・こしょう……各少々、ゆで卵……¼個、A（シーチキン……小さじ2、マヨネーズ……大さじ1）、サラダ油……小さじ½、パセリ……適量

◎ 作り方

1. タラは塩、こしょうをふり、下味をつける。
2. ゆで卵は細かく刻み、ボウルに入れてAを加えて和える。
3. フライパンにサラダ油を熱し、1を焼いてあら熱がとれたら2とパセリを添える。

Whitefish

タラ・サバ

どんな味つけもしっかりと受ける、定番の切り身魚をピックアップ。主役級おかずに大変身。

タラのピリ辛炒め

材料
タラ……小½切れ、長ねぎ……2㎝、トウバンジャン……少々、酒……大さじ½、サラダ油……小さじ½

作り方
1. タラはひと口大に切る。長ねぎはみじん切りにする。
2. フライパンにサラダ油を熱し、1、トウバンジャンを入れて炒める。
3. 酒をふってふたをし、水分がなくなるまで蒸し焼きにする。

タラのカレーソテー

材料
タラ……½切れ、塩・こしょう……各少々、**A**(小麦粉……大さじ½、カレー粉……小さじ¼)、サラダ油……適量

作り方
1. タラはひと口大に切り、塩、こしょうをふる。
2. **A**を混ぜ合わせ、1にまぶす。
3. フライパンにサラダ油を熱し、2を焼く。

サバのみそ煮

◉ 材料

サバ……80g、**A**（しょうが（薄切り）……2枚、酒……大さじ½、砂糖……大さじ½、しょうゆ……大さじ¼、水……50㎖）、みそ……大さじ½強

◉ 作り方

1. サバは皮目に切れ目（飾り包丁）を入れ、さっと湯通しして、血などを取り除く。
2. 浅鍋に**A**を入れて火にかけ、煮立ったら *1* を皮を上にして入れる。
3. アルミホイルで落としぶたをし、中火で10分煮る。途中で煮汁をスプーンでサバにまわしかける。
4. みそは煮汁で溶いて加え、さらに5分ほど煮る。

---

column

「魚を食べると頭がよくなる」はホント？ 魚介類に含まれる栄養分は見逃せない！

「魚を食べると頭がよくなる」と言われるのは、DHA（ドコサヘキサエン酸）が含まれているためです。DHAは脳細胞を活性化させ、頭の回転をよくする働きがあり、また、血液中の中性脂肪やコレステロールを低下させ血液の流れをよくする作用もあります。血液の流れがよくなることで、脳にも血液が行きわたり、頭の働きが活性するというわけです。しかも、最近の研究では頭がよくなるだけでなく、認知症の原因にも関係しているとされ、注目されています。

さらに、魚介類だけに含まれるEPA（エイコサペンタエン酸）という不飽和脂肪酸が、サンマやイワシなど青魚に多く含まれています。DHAと同様にして、血液をさらさらにして流れやすくしたり、血管がつまりにくくなる効果があると言われています。

サケ

ビタミンが豊富な魚。良質なたんぱく質&DHAで、疲れやすい方におすすめ。

サケのムニエル

材料
サケ……½切れ、塩・こしょう……各少々、小麦粉……適量、酒……大さじ1、レモン汁……大さじ½、サラダ油……小さじ1

作り方
1. サケは食べやすい大きさに切り、塩、こしょうをして小麦粉をまぶす。
2. フライパンにサラダ油を熱し、1を両面焼く。
3. 弱火にして酒とレモン汁をふりかけ、ふたをして蒸し焼きにする。

サケのフライ

材料
サケ……½切れ、塩・こしょう……各少々、小麦粉……適量、ウズラの溶き卵……1個分、パン粉……適量、揚げ油……適量

作り方
1. サケはひと口大に切り、塩、こしょうをふる。
2. 1に小麦粉、溶き卵、パン粉を順につけ、170℃の揚げ油で揚げる。

サケの中華炒め

材料
サケ……½切れ、塩・こしょう……各少々、玉ねぎ……⅛個、にんじん……適量、ピーマン……¼個、小麦粉……適量、**A**（砂糖……小さじ1、みりん……小さじ1、しょうゆ……小さじ1、酢……小さじ1、水……大さじ1)、サラダ油……適量

作り方
1. サケはひと口大に切り、塩、こしょうをふり、小麦粉をまぶす。
2. 玉ねぎはくし切り、にんじんは薄切り、ピーマンは適当な大きさに切る。
3. フライパンにサラダ油を熱し、*1*を両面焼き、取り出しておく。
4. ペーパーでフライパンの油を拭き取り、新たにサラダ油を熱し、*2*を炒める。火が通ったら、混ぜ合わせた**A**を一気に入れ、*3*を戻し入れてとろみがつくまでからめる。

サケのマヨネーズ焼き

材料
サケ……¼切れ、玉ねぎ……適量、塩・こしょう……各少々、酒……小さじ½、**A**（マヨネーズ……大さじ½、青のり……少々）

作り方
1. サケは塩、こしょう、酒をふって下味をつけ、数分おく。
2. 玉ねぎは薄切りにし、耐熱カップの下にひく。
3. *1*の水気を拭き取り、*2*にのせる。
4. **A**を混ぜ合わせ、*3*のサケに塗り、オーブントースターで10分ほど焼く。

イカと水菜のピリ辛炒め

◉ 材料

イカの身……30g、小麦粉……適量、水菜……適量、A（具入りラー油……適量、塩・こしょう……各少々）、サラダ油……小さじ1

◉ 作り方

1. イカの身は輪切りにし、小麦粉をまぶす。
2. 水菜は3cm長さに切る。
3. フライパンにサラダ油を熱し、1、2を入れて炒め、Aで味を調える。

イカ

低脂肪、低カロリー、高タンパクの3拍子。応用範囲が広く、独特の食感がやみつき。

イカ焼き

材料
イカの身 …… 40g、バター …… 小さじ1、**A**(しょうゆ …… 少々、塩・こしょう …… 各少々)、小ねぎ …… 少々

作り方
1. イカの身は格子状の切れ目を入れ、食べやすい大きさに切る。小ねぎは小口切りにする。
2. フライパンにバターを溶かし、*1*を入れて炒め、水分が出てきたら拭き取る。
3. **A**で味を調え、こんがりと焼き、小ねぎを加えて炒め合わせる。

イカのから揚げ

材料
イカの身 …… 40g、天ぷら粉 …… 適量、揚げ油 …… 適量

作り方
1. イカの身は格子状の切れ目を入れ、食べやすい大きさに切る。
2. ビニール袋に天ぷら粉、*1*を入れ、空気が入った状態で袋をふり、イカ全体に薄く粉をつけ、余分についた粉を落とす。
3. 170℃の油で*2*をカラッと揚げる。

イカのしょうゆ焼き

材料
イカの身 …… 40g、**A**(しょうゆ …… 大さじ1、酒 …… 大さじ½)

作り方
1. イカの身は格子状の切れ目を入れ、食べやすい大きさに切る。
2. ビニール袋に**A**を入れ、*1*をしばらく漬ける。
3. サラダ油(分量外)を薄く塗ったアルミホイルをひき、オーブントースターに*2*のイカを7〜8分焼く。

> **エビ**
> 子どもから大人までみんなに人気！ タウリンが豊富で生活習慣病の予防にも。

2 エビとセロリのナムル

◎ 材料
むきエビ……5尾、セロリ……5cm、A（ごま油……小さじ½、塩……ひとつまみ、ポン酢……小さじ1）

◎ 作り方
1. むきエビは背ワタを取ってゆで、セロリは薄切りにする。
2. ボウルにAを入れて混ぜ合わせ、1とセロリを和える。

1 エビのピリ辛炒め

◎ 材料
むきエビ……5尾、小麦粉……少々、酒……大さじ½、具入りラー油……小さじ½、しょうが（すりおろし）……少々、サラダ油……小さじ½

◎ 作り方
1. むきエビは背ワタを取り、小麦粉を薄くまぶす。
2. フライパンにサラダ油を熱し、1を炒めて酒をふる。
3. 色がかわったら火をとめ、ラー油、しょうがを加えて混ぜる。

簡単エビチリ

材料
むきエビ……4尾、玉ねぎ……⅛個、にんじん……8枚、長ねぎ……小さじ1、酒……大さじ½、チリソースの素……小さじ1、サラダ油……小さじ½

作り方
1. むきエビは背ワタを取る。玉ねぎはくし切り、にんじんは薄切り、長ねぎはみじん切りにする。
2. フライパンにサラダ油を熱し、野菜を入れて炒め、火が通ったら酒、エビを加えて炒める。
3. チリソースの素を加え、からめる。

エビのトースター焼き

材料
むきエビ……3尾、オリーブ油……小さじ½、ガーリックパウダー……少々、白ワイン……大さじ½、A(パセリ(みじん切り)……少々、マヨネーズ……大さじ1、パン粉……大さじ1、らっきょう(みじん切り)……1個分)

作り方
1. むきエビは背ワタを取る。
2. フライパンにオリーブ油を熱し、1 を入れて炒め、ガーリックパウダーをふって白ワインを加え、ひと炒めする。
3. オリーブ油(分量外)を塗ったアルミホイルに 2 をのせ、混ぜ合わせたAをのせてオーブントースターでこんがり焼く。

エビとブロッコリーのサラダ

材料
むきエビ……3尾、ブロッコリー……20g、マカロニ……10g、A(マヨネーズ……大さじ1、粒マスタード……小さじ½、しょうゆ……少々、黒こしょう……少々)

作り方
1. むきエビは背ワタを取る。ブロッコリーは小房に分ける。
2. 小鍋でマカロニをゆで、ゆで時間の3分前に 1 を入れて一緒にゆでる。水気をきり、あら熱をとる。
3. ボウルにAを入れて混ぜ合わせ、2 を加えて和える。

体によい塩麹もお弁当おかずに in!

1 しめじの塩麹煮

材料
しめじ……20g、白だし……適量、塩麹……小さじ½、水……適量
※塩麹は材料の10%

作り方
1. しめじは石づきを取り、ほぐしておく。
2. 鍋に1を入れ、ひたひたに水を入れて火にかけ、沸騰したら白だしを加えて5分ほど煮る。
3. 味をみて塩麹を加え、味を調える。

2 ねぎの塩麹煮

材料
長ねぎ……20g、白だし……適量、塩麹……小さじ½、水……適量
※塩麹は材料の10%

作り方
1. 長ねぎは1cmの斜め切りにする。
2. 鍋に長ねぎがひたひたに水を入れて火にかけ、1、白だしを加えて5分ほど煮る。
3. 味をみて塩麹を加え、味を調える。

3 厚揚げの塩麹煮

材料
厚揚げ……⅛枚(40g)、白だし……適量、塩麹……小さじ1、水……適量

作り方
1. 厚揚げは油抜きして、食べやすい大きさに切る。
2. 鍋に厚揚げがひたひたに水を入れて火にかけ、1、白だしを加えて5分ほど煮る。
3. 味をみて塩麹を加え、味を調える。

---

column

どんな食材もおいしくする万能調味料 老化予防や美肌効果も!

塩麹は麹に塩と水を加えて1週間ほど常温で発酵させたもの。食材に塗ったり、漬けて使えば、酵素の働きで食材の旨みを引き出します。適度な塩分があるので、料理の味つけのレパートリーにくわえてみてはいかがでしょう。

肉のおかず

ガッツリお腹にたまる肉のおかずは、食べざかりのお子さんやパパにも満足してもらえるボリュームメニューです。

手羽元煮込み

材料
手羽元……2本、**A**（焼き肉のたれ……大さじ1、コチュジャン……小さじ½、水……100mℓ）

作り方
1. 小鍋に手羽元と**A**を入れ、アルミホイルで落としぶたをして汁気がなくなるまで煮る。

Chicken

> 鶏肉
>
> 低脂肪、高タンパク。
> ささ身やなんこつなど、
> バリエーション豊富なおかずに。

えりんぎとパプリカの ささ身ロール

材料

ささ身 …… 1本、えりんぎ …… ½個、黄パプリカ …… ⅛個、スライスチーズ …… ¼枚、小麦粉 …… 少々、溶き卵（うずらの卵でも可）…… 適量、パン粉 …… 適量、揚げ油 …… 適量

作り方

1. ささ身は長さを半分に切り、包丁を入れて開く。
2. えりんぎは長さを半分に切る。パプリカは細切りにする。
3. 1のささ身にチーズ、2をのせて巻く。
4. 3に小麦粉、溶き卵、パン粉を順につけ、170℃の油で揚げる。

ささ身の のり梅ロール

材料

ささ身 …… 1本、塩・こしょう …… 各少々、焼きのり …… ⅛枚、スライスチーズ …… ¼枚、練り梅 …… 少々、小麦粉 …… 適量、溶き卵 …… 適量、パン粉 …… 適量、揚げ油 …… 適量

作り方

1. ささ身は半分に切り、切れ目を入れて薄くのばし、塩、こしょうする。
2. 1のささ身にチーズ、焼きのりをのせ、練り梅を塗って巻く。
3. 2に小麦粉、溶き卵、パン粉を順につけ、170℃の油で揚げる。

肉のおかず

鶏肉

さき身の青じそチーズ巻き

● 材料

ささ身……1本、スライスチーズ……¼枚、青じそ……1枚、塩・こしょう……各少々、小麦粉……適量、溶き卵……適量、パン粉……適量、揚げ油……適量

● 作り方

1. ささ身は半分に切り、切れ目を入れて薄くのばし、塩、こしょうする。
2. 1のささ身にチーズ、青じそをのせて巻く。
3. 2に小麦粉、溶き卵、パン粉を順につけ、170℃の油で揚げる。

いんげんのささ身ロール

● 材料

ささ身……1本、いんげん……2本、スライスチーズ……¼枚、小麦粉……少々、溶き卵（うずらの卵でも可）……適量、パン粉……適量、揚げ油……適量

● 作り方

1. ささ身は長さを半分に切り、包丁を入れて開く。いんげんはゆでる。
2. 1のささ身にチーズ、1のいんげんをのせて巻く。
3. 2に小麦粉、溶き卵、パン粉を順につけ、170℃の油で揚げる。

鶏のから揚げ

材料
鶏もも肉(から揚げ用) …… 3個(95g)、から揚げ粉 …… 適量、揚げ油 …… 適量

作り方
1. 鶏肉はひと口大に切り、から揚げ粉をまぶす。
2. 170℃の油で *1* を揚げて一度取り出し、油を180℃にして2度揚げする。

鶏のなんこつ揚げ

材料
鶏なんこつ …… 5個、から揚げ粉 …… 適量、揚げ油 …… 適量

作り方
1. 鶏なんこつにから揚げ粉をまぶす。
2. 170℃の油で *1* を揚げて一度取り出し、油を180℃にして2度揚げする。

鶏の手羽先揚げ

材料
鶏手羽先 …… 1個、から揚げ粉 …… 適量、揚げ油 …… 適量

作り方
1. 鶏手羽肉にから揚げ粉をまぶす。
2. 170℃の揚げ油で *1* を揚げて一度取り出し、油を180℃にして2度揚げする。

ナゲット

材料
鶏ひき肉……50g、玉ねぎ(すりおろし)……大さじ1、焼き豆腐……1/8丁、A(豆乳……小さじ2、パン粉……大さじ1と1/2、片栗粉……小さじ2、塩……少々、黒こしょう……少々、ガーリックパウダー……小さじ1/2)、サラダ油……少々

作り方
1. ボウルにひき肉、玉ねぎを入れ、焼き豆腐を手でちぎりながら加えてよく混ぜ、Aを加えてさらに混ぜ合わせる。
2. フライパンにサラダ油を熱し、1をスプーンふたつで形作り、170℃の油で揚げる。

鶏肉の照り焼き

材料
鶏もも肉……(から揚げ用)3個、サラダ油……適量、A(砂糖……小さじ2、しょうゆ……小さじ2、酒……小さじ2、水……大さじ3)

作り方
1. 鶏肉は皮面を竹串やフォークなどで数カ所さし、穴をあける。
2. フライパンにサラダ油を熱し、1の両面をゆっくり焼く。
3. Aを加え、からめながら煮詰める。

肉のおかず／鶏肉

---

column

カロリー控えめ 良質のたんぱく源

牛肉や豚肉に比べて手頃な価格なので、よく食卓にのぼる鶏肉。お弁当のおかずとして揚げをはじめ、バーワンとも言えるから子どもから大人まで大人気の食材です。

鶏肉は他の肉類と同じく、良質なたんぱく質を多く含みます。違うのは脂肪分が少ないこと。ささ身やむね肉だけでなく、適度に脂肪分が含まれるもも肉でも皮を取り除けば、12パーセントもカロリーダウンになるので、ダイエット中の人や胃腸の弱い人には心強いたんぱく源です。

豚肉

どんな野菜とも相性抜群！食欲を誘うジューシーさがお弁当にぴったり。

豚肉の長いも巻き

材料

豚肉（薄切り）……1枚（20g）、長いも……適量、塩・こしょう……各少々、大葉……1枚、小麦粉……適量、サラダ油……適量、バター……10g、ポン酢……適量

作り方

1. 長いもは拍子木切りにする。豚肉は広げて塩、こしょうをして長いも、大葉をのせて巻く。塩、こしょうをふって小麦粉をまぶす。
2. フライパンに多めの油をひいて1を炒める。
3. フライパンの余分な油を拭き取り、バターを入れて2をからめ、ポン酢を加えて煮詰める。

豚肉のにんじん巻き

材料

豚肉（薄切り）……1枚（20g）、にんじん……適量、塩・こしょう……各少々、大葉……1枚、小麦粉……適量、サラダ油……適量、バター……10g、ポン酢……適量

作り方

1. にんじんは太めのせん切りにし、下ゆでする。
2. 豚肉は広げて塩、こしょうをして1、大葉をのせて巻く。塩、こしょうをふって小麦粉をまぶす。
3. フライパンに多めのサラダ油をひいて2を炒める。
4. フライパンの余分な油を拭き取り、バターを入れて3をからめ、ポン酢を加えて煮詰める。

豚肉ののり巻き

材料

豚肉（薄切り）……2枚（30g）、塩……少々、焼きのり……1/4枚、梅肉……小さじ1

作り方

1. 豚肉は広げて塩をふり、焼きのりをのせて梅肉を塗り、端から巻く。
2. フライパンで1を焼き、食べやすい大きさに切る。

豚肉の青じそ巻き

材料

豚肉（薄切り）……2枚（30g）、青じそ……3枚、梅肉……小さじ1、塩……少々

作り方

1. 豚肉は広げて塩をふり、青じそをのせて梅肉を塗り、端から巻く。
2. フライパンで1を焼き、食べやすい大きさに切る。

パプリカの豚肉巻き

材料

豚肉（薄切り）……2枚、赤パプリカ……1/3個、サラダ油……小さじ1/2、**A**（しょうゆ……小さじ1、砂糖……小さじ1、みりん……小さじ1）

作り方

1. パプリカは種を取り、5mm幅で縦に切り、電子レンジで1分加熱する。
2. 豚肉に1をのせて端から巻き、サラダ油を熱したフライパンで焼く。
3. **A**を合わせ、2に加えてアルミホイルでふたをし、少し煮詰めて仕上げ、食べやすい大きさに切る。

肉のおかず / 豚肉

豚キムチ

材料
豚肉 …… 40g、キャベツ …… 30g、にんじん …… 5g、玉ねぎ …… 20g、ピーマン …… 1/3個、キムチ鍋の素 …… 小さじ2、サラダ油 …… 適量

作り方
1. 豚肉は2〜3cm幅に切る。キャベツはざく切りに、にんじんは薄いいちょう切り、玉ねぎはくし形切り、ピーマンは乱切りにする。
2. フライパンにサラダ油をひき、豚肉を炒め、すべての野菜を加えて炒める。
3. キムチ鍋の素を加えて味を調える。

豚肉とピーマンの炒め物

材料
豚肉 …… 40g、ピーマン …… 1/2個、A（しょうゆ …… 小さじ1と1/2、片栗粉 …… 小さじ1、ごま油 …… 小さじ1)、酒 …… 小さじ1、サラダ油 …… 小さじ1/2

作り方
1. 豚肉は細切りにし、Aで下味をつける。ピーマンは種を取り、細切りにする。
2. フライパンにサラダ油を熱し、1の豚肉を炒め、1のピーマンを加えて炒める。
3. 酒をふり入れて炒め、水気がなくなったら火をとめる。

豚のしょうが焼き

材料
豚肉（薄切り）…… 2枚、玉ねぎ …… 25g、しょうが焼きのタレ …… 小さじ4、サラダ油 …… 小さじ1

作り方
1. 豚肉はひと口大に切り、しょうが焼のタレ半量で下味をつける。玉ねぎは薄切りにする。
2. フライパンに油をひき、豚肉と玉ねぎを炒める。
3. 残りのしょうが焼きのタレを加えて味を調える。

advice 4 豚肉の持つパワー

疲労回復にも効果的な豚肉。旨みの多い脂肪も上手に摂り入れて

肉類の中でも一番消費量が多いといわれるのが豚肉。さまざまな調理法で家庭の食卓を賑わせてくれる食材です。豚肉は良質なたんぱく質のほか、ビタミンB_1が豊富で牛肉の約10倍。ビタミンB_1は疲労回復やイライラを防いでくれる効果があるといわれています。にらや玉ねぎ、にんにくと組み合わせると、これらに含まれるアリシンという成分によってビタミンB_1の吸収が高まります。

豚肉は、肩、肩ロース、ヒレ、バラ、もも、ロースなどの部位があります。脂肪が少ないのはヒレやももですが、脂肪と赤身が断層のように折り重なっているバラ肉でも、一度ゆでて脂を落としてから調理するとカロリーダウンできます。豚肉の脂は旨みも多いので、すべて取り除かず、調理を工夫して、上手に活用しましょう。

豚の角煮

◉ 材料
豚バラ（かたまり）……400g、長ねぎ……80g、しょうが……小さじ1、サラダ油……大さじ1、**A**（酒……大さじ4、しょうゆ……大さじ3、砂糖……大さじ3）、水……適量、片栗粉……適量

◉ 作り方
1. 豚バラ肉はひと口大に切る。フライパンにサラダ油をひき、豚バラ肉を転がしながら焼いて焼き色をつける。
2. 1を熱湯でさっとゆでて脂を落とす。
3. 鍋に2と長ねぎ、しょうが、**A**、ひたひたに水を入れて火にかける。
4. 沸騰したら弱火にして、1時間煮る。アクが出たら取り除く。
5. 水溶き片栗粉を入れ、タレに少しとろみをつけてからませる。

> **牛肉**
>
> 他の食材と組み合わせて、ボリュームたっぷりおかずに。豚肉よりも鉄分が豊富。

ホタテの牛肉巻き

◉ 材料

牛肉(薄切り) …… (40g)2枚、ホタテ貝柱(刺身用) …… 2個、**A**(塩・こしょう …… 各少々、ガラムマサラ …… 少々)、小麦粉 …… 少々、白ワイン …… 大さじ1、オリーブ油 …… 小さじ1

◉ 作り方

1. 牛肉はホタテの厚みに合わせて切り、**A**をふる。
2. ホタテを1で巻き、小麦粉をまぶす。
3. フライパンにオリーブ油を熱し、2を入れて焼き色をつけ、白ワインをふってふたをし、蒸し焼きにし、半分に切る。

2色パプリカの牛肉巻き

◉ 材料

牛肉(薄切り) …… 1枚(60g)、黄・オレンジパプリカ …… 各15g、**A**(塩 …… 少々、ガラムマサラ …… 少々)、小麦粉 …… 少々、白ワイン …… 大さじ1、オリーブ油 …… 小さじ1

◉ 作り方

1. 牛肉に**A**をふる。パプリカは縦に1cm幅に切り、電子レンジに1分かける。
2. 1の牛肉に1のパプリカをのせて巻き、小麦粉をまぶす。
3. フライパンにオリーブ油を熱し、2を入れて焼き色をつけ、白ワインをふってふたをし、蒸し焼きにして半分に切る。

牛肉と玉ねぎの ビーフストロガノフ風

材料

牛肉（薄切り）……40g、玉ねぎ……20g、にんじん……5g、マッシュルーム……1個、デミグラスソースの素……大さじ1、**A**(しょうゆ……小さじ½、コンソメの素……少々)、塩・こしょう……適量、サラダ油……適量

作り方

1. 牛肉は長さを4等分に切る。玉ねぎはくし形切り、にんじんは短冊切り、マッシュルームは薄切りにする。
2. フライパンにサラダ油をひき、牛肉と野菜を炒める。
3. デミグラスソースと**A**を加え、塩、こしょうで味を調える。

牛肉の甘辛炒め

材料

牛肉（薄切り）……50g、長ねぎ……⅕本、しめじ……10g、しらたき……40g、**A**(しょうゆ……大さじ1、砂糖……大さじ1、みりん……小さじ1、水……大さじ2)

作り方

1. 牛肉はひと口大に切り、長ねぎは2〜3cm長さの斜め切りにする。しめじは石づきを取りほぐしておく。
2. しらたきは下ゆでして食べやすい長さに切る。
3. 鍋に**A**を入れ、2、1のしめじ、1の長ねぎの順に加えて煮る。最後に1の牛肉を入れて煮る。

ひき肉

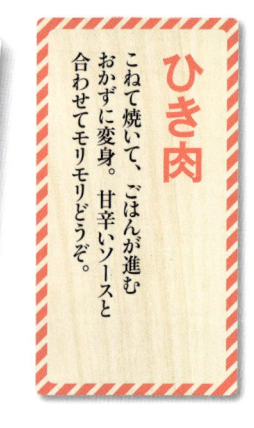

こねて焼いて、ごはんが進むおかずに変身。甘辛いソースと合わせてモリモリどうぞ。

2 てり焼き爆弾バーグ

材料

合びき肉……35g、うずらの卵……1個、玉ねぎ……15g、パン粉……大さじ1、うずらの溶き卵……1個分、塩・こしょう……各少々、片栗粉……少々、**A**（ケチャップ……大さじ½、ウスターソース……大さじ¼、水……大さじ½）、揚げ油……適量

作り方

1. うずらの卵をゆでて殻をむく。玉ねぎはみじん切りにして炒める。
2. ボウルに合びき肉、*1* の玉ねぎ、パン粉、溶き卵、塩、こしょうを入れ、混ぜ合わせる。
3. *1* のうずらのゆで卵に薄く片栗粉をまぶし、*2* で包み、170℃の油で揚げる。
4. 小鍋に**A**を入れて煮詰め、*3* を加えてからめる。

1 和風爆弾バーグ

材料

合びき肉……35g、うずらの卵……1個、玉ねぎ……15g、パン粉……大さじ1、うずらの溶き卵……1個分、塩・こしょう……各少々、片栗粉……少々、**A**（しょうゆ……大さじ½、砂糖……大さじ½）、揚げ油……適量

作り方

1. うずらの卵をゆでて殻をむく。玉ねぎはみじん切りにして炒める。
2. ボウルに合びき肉、*1* の玉ねぎ、パン粉、溶き卵、塩、こしょうを入れ、混ぜ合わせる。
3. 1のうずらのゆで卵に薄く片栗粉をまぶし、*2* で包み、170℃の揚げ油で揚げる。
4. 小鍋に**A**を入れて煮詰め、*3* を加えてからめる。

てり焼きバーグ

冷めてもやわらかくてジューシー

◎ 材料

合びき肉 …… 70g、玉ねぎ …… 25g、パン粉 …… 大さじ2、牛乳 …… 大さじ½、うずらの溶き卵 …… 1個分、塩・こしょう …… 各少々、ハンバーグソース（市販）…… 適量、サラダ油 …… 小さじ1

◎ 作り方

1. 玉ねぎはみじん切りにして炒め、パン粉は牛乳にひたしておく。
2. ボウルに合びき肉、*1*、溶き卵、塩、こしょうを入れ、混ぜ合わせて小判型に形を整える。
3. フライパンにサラダ油を熱し、*2*を入れて両面を焼く。
4. 焼き上がったらハンバーグソースをお好みでかける。

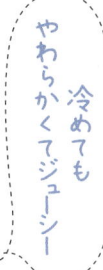

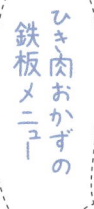

肉のおかず

ひき肉

ひき肉おかずの鉄板メニュー

ミートボール

◎ 材料

合びき肉 …… 70g、玉ねぎ …… 25g、パン粉 …… 大さじ2、牛乳 …… 大さじ1、うずらの溶き卵 …… 1個分、塩・こしょう …… 各少々、**A**（ケチャップ …… 大さじ1、ウスターソース …… 大さじ½、水 …… 大さじ1）、揚げ油 …… 適量

◎ 作り方

1. 玉ねぎはみじん切りにして炒め、パン粉は牛乳にひたしておく。
2. ボウルに合びき肉、*1*、溶き卵、塩、こしょうを入れ、混ぜ合わせてひと口大に丸める。170℃の油で揚げる。
3. 小鍋に**A**を入れて煮詰め、*2*を加えてからめる。

がっつりパパごはん♪

ボリューム満点！

鶏串

材料
ささ身……小1本、玉ねぎ……¼個、塩・こしょう……各少々、小麦粉……適量、溶き卵（うずらの卵1個でも可）……適量、パン粉……適量、揚げ油……適量

作り方
1. ささ身は筋を取り、ひと口大に切る。
2. 玉ねぎは1cm幅のくし形に切り、1と交互に串にさして、塩、こしょうをふる。
3. 2に小麦粉、溶き卵、パン粉の順につけて170～180℃の油で揚げる。

串カツ

材料
豚肉……20g、玉ねぎ……¼個、塩・こしょう……各少々、小麦粉……適量、溶き卵（うずらの卵1個でも可）……適量、パン粉……適量、揚げ油……適量

作り方
1. 豚肉は筋切りをして軽く叩き、ひと口大に切る。
2. 玉ねぎは1cm幅のくし形に切り、1と交互に串にさして、塩、こしょうをふる。
3. 2に小麦粉、溶き卵、パン粉の順につけて170～180℃の油で揚げる。

> ごはんが進むガッツリ系おかずの代表格!

トンカツ

◉ 材料
豚肉 …… 90g、塩・こしょう …… 各少々、うずらの卵 …… 1個、小麦粉 …… 大さじ½、パン粉 …… ¼カップ、揚げ油 …… 適量

◉ 作り方
1. 豚肉は筋切りをして軽く叩き、両面に塩、こしょうする。
2. うずらの卵を溶き、1を小麦粉、溶き卵、パン粉の順につけて170〜180℃の油で揚げる。
3. 半分に切り、さらに3等分に切る。

肉のおかず

がっつりパパごはん♪

メンチカツ

◉ 材料
合びき肉 …… 70g、玉ねぎ …… 25g、パン粉 …… 大さじ2、牛乳 …… 大さじ½、うずらの溶き卵 …… 2個分、塩・こしょう …… 各少々、小麦粉 …… 大さじ⅓、パン粉 …… ¼カップ、揚げ油 …… 適量

◉ 作り方
1. 玉ねぎはみじん切りにして炒め、パン粉大さじ2は牛乳にひたしておく。
2. ボウルに合びき肉、1、溶き卵(1個分)、塩、こしょうを入れ、混ぜ合わせて小判型に形を整える。
3. 2に小麦粉、溶き卵(1個分)、パン粉の順につけて170〜180℃の油で揚げる。

> 味つけはだしがきいた麺つゆにおまかせ！

砂肝とにらの炒め物

材料

砂肝 …… 60g、にら …… 2本、もやし …… 15g、麺つゆ …… 小さじ2、一味唐辛子 …… 適量、酒 …… 小さじ1、サラダ油 …… 小さじ1

作り方

1. にらは3cm長さに切る。
2. フライパンにサラダ油を熱し、砂肝を入れて炒め、火を通す。
3. 1、もやしを加え、麺つゆ、酒で調味し、一味唐辛子をふる。

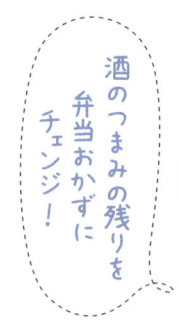

> 酒のつまみの残りを弁当おかずにチェンジ！

串焼きレバーのピリ辛和え

材料

レバー（串焼き・1個30g）…… 3個、具入りラー油 …… 小さじ½

作り方

1. 串焼きの串を外し、電子レンジで40秒加熱する。
2. 具入りラー油で和える。

加工食材

ちくわやウィンナー、ソーセージはお弁当には欠かせない食材。小さい子どもでも食べやすいのがうれしいところです。朝の忙しい時間には時短食材としても大活躍します。

ちくわと春菊の
ガーリックカツオ節炒め

◎材料

ちくわ……⅓本、春菊……2株、ごま油……小さじ½、A(カツオ節小⅓袋、しょうゆ……小さじ½、塩・こしょう……各少々、ガーリックパウダー……少々)

◎作り方

1 ちくわは電子レンジで40秒加熱し、斜めに切る。春菊は3cm長さに切る。
2 フライパンに油を熱し、1を入れて炒め、Aで味を調える。

Chikuwa

> ## ちくわ
> 扱いやすい便利食材ですが、練り製品は傷みやすいので軽く火を通しておくと安心です。

ちくわと小松菜のガーリックカツオ節炒め

材料
ちくわ……⅓本、小松菜……1株、A（カツオ節……小⅓袋、しょうゆ 小さじ½、塩・こしょう……各少々、ガーリックパウダー……少々）、ごま油……小さじ½

作り方
1. ちくわは電子レンジで40秒加熱し、斜めに切る。小松菜は3cm長さに切る。
2. フライパンにごま油を熱し、1を入れて炒め、Aで味を調える。

ちくわのチーズ詰め

材料
ちくわ……1本、プロセスチーズ……1個

作り方
1. ちくわは電子レンジで40秒加熱する。
2. ちくわの穴にチーズを詰め、斜めに切る。

ちくわのきゅうり詰め

◉ 材料
ちくわ……1本、きゅうり……1/8本

◉ 作り方
1. ちくわは電子レンジで40秒加熱する。きゅうりは縦4つに切る。
2. ちくわの穴にきゅうりを詰め、斜めに切る。

加工食材

ちくわ

ちくわのアスパラガス詰め

◉ 材料
ちくわ……1本、アスパラガス（穂先）……2本

◉ 作り方
1. ちくわは電子レンジで40秒加熱する。アスパラガスはゆでる。
2. ちくわの穴にアスパラガスを詰め、斜めに切る。

春巻き

春巻きの皮を使いきるのは難しいけれど、生春巻きの皮なら一枚ずつ使えて保存も可能！

卵とハムの生春巻き揚げ

材料
生春巻きの皮……1枚、ゆで卵（みじん切り）……½個分、ロースハム……1枚、A（塩・こしょう……各少々、マヨネーズ……大さじ1）、揚げ油……適量

作り方
1. ボウルにゆで卵、Aを入れ、和える。
2. 生春巻きの皮は流水で両面を濡らし、ハム、1をのせて巻く。
3. 170℃の油で、2をきつね色にカラッと揚げる。

和風春巻きは少ししょうゆをたらしても◎

しいたけとエビの生春巻き揚げ

材料
生春巻きの皮……1枚、むきエビ……2尾、しいたけ……1枚、長ねぎ……少々、A（片栗粉……少々、塩・こしょう……各少々、ごま油……少々）、揚げ油……適量

作り方
1. むきエビは背ワタを取り、あらく刻む。しいたけはあらく刻む。長ねぎはみじん切りにする。
2. ボウルに1を入れ、Aを加えて混ぜ合わせる。
3. 生春巻きの皮は流水で両面を濡らし、2を巻いて170℃の油で揚げる。

エビとパプリカの生春巻き揚げ

材料
生春巻きの皮 …… 1枚、むきエビ …… 2尾、赤パプリカ …… 1/8個、A（ガーリックパウダー …… 適量、チリパウダー …… 適量、塩・こしょう …… 各少々、片栗粉 …… 少々）、揚げ油 …… 適量

作り方
1. むきエビは背ワタを取り、ぶつ切りにしてAをまぶす。パプリカは細長く切る。
2. 生春巻きの皮の両面を流水でさっと濡らし、1をのせて巻く。
3. 170℃の油で2を揚げる。

パリパリ＆サクサクとした食感が楽しい

アスパラガスと卵の生春巻き揚げ

材料
生春巻きの皮 …… 1枚、アスパラガス …… 1本、A（溶き卵 …… 1/3個分、塩 …… 少々）、サラダ油 …… 小さじ1/2、揚げ油 …… 適量

作り方
1. アスパラガスは長さをそろえて切り、下ゆでする。
2. フライパンにサラダ油を熱し、Aを入れて弱火で炒り卵を作る。
3. 生春巻きの皮の両面を流水でさっと濡らし、1と2をのせて巻く。
4. 170℃の油で3を揚げる。

ふわふわ卵とアスパラを芯に巻いて

油揚げ

香ばしく焼いてサクサクの食感を楽しんで。しっとり煮含めても◎。

2 さっぱり和風巻き

● 材料
油揚げ……½枚、しいたけ……1枚、にんじん……適量、スライスチーズ……¼枚

● 作り方
1. しいたけは電子レンジで30秒加熱する。にんじんは太めのせん切りにして、電子レンジで1分加熱する。
2. 油揚げは包丁を入れて広げ、チーズをひいて 1 をのせて巻き、巻き終わりを楊枝でとめる。
3. フライパンで 2 をじっくり焼き、半分に切る。

1 油揚げの洋風巻き

● 材料
油揚げ……½枚、長いも……12g、パプリカ……⅒個、スライスチーズ……¼枚

● 作り方
1. 1.5㎝角×10㎝に切った長いもは電子レンジで30秒加熱する。パプリカは1㎝幅に切る。
2. 油揚げは包丁を入れて広げ、チーズをひいて 1、パプリカをのせて巻き、巻き終わりを楊枝でとめる。
3. フライパンで 2 をじっくり焼き、半分に切る。

加工食材 油揚げ

4 油揚げのカニかま巻き

材料
えのき……20g、カニかま……1本、油揚げ……½枚、スライスチーズ……¼枚

作り方
1. えのき、カニかまは電子レンジで30秒加熱する。
2. 油揚げは包丁を入れて広げ、チーズをひいて *1* をのせ、巻いて巻き終わりを楊枝でとめる。
3. フライパンで *2* をじっくり焼き、半分に切る。

3 ネバネバチーズ巻き

材料
油揚げ……½枚、長いも……10g、オクラ……1本、スライスチーズ……¼枚

作り方
1. 1.5cm角×10cmに切った長いもを電子レンジで30秒加熱する。オクラはガクのかたい部分を取ってさっとゆでる。
2. 油揚げは包丁を入れて広げ、とろけるスライスチーズをひいて *1* をのせて巻き、巻き終わりを楊枝でとめる。フライパンで *2* をじっくり焼き、
3. 半分に切る。

がんもどき

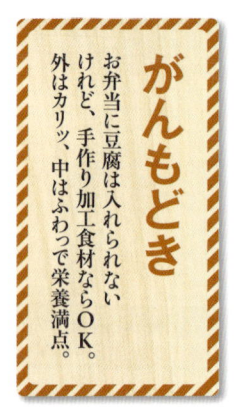

お弁当に豆腐は入れられないけれど、手作り加工食材ならOK。外はカリッ、中はふわっで栄養満点。

エビのがんもどき

材料

木綿豆腐 …… 1/8丁、むきエビ …… 2尾、豚ひき肉 …… 10g、**A**(うずらの溶き卵 …… 1個分、塩・こしょう …… 各少々、片栗粉 …… 小さじ1/2)、揚げ油 …… 適量

作り方

1. 豆腐は水切りしておき、むきエビは背ワタを取り、あらく刻む。
2. ボウルに*1*、ひき肉、**A**を入れ、よく練って2つに丸める。
3. 170℃の油で*2*を揚げる。

佃煮のがんもどき

材料

木綿豆腐 …… 1/8丁、市販の昆布の佃煮 …… 少々、**A**(うずらの溶き卵 …… 1/2個分、片栗粉 …… 小さじ1/2、桜エビ …… 小さじ1、塩 …… 少々)、揚げ油 …… 適量

作り方

1. 豆腐は水切りしておき、市販の昆布の佃煮を刻む。
2. ボウルに*1*、**A**を入れてよく混ぜ、2つに丸める。
3. 170℃の油で*2*を揚げる。

餃子・焼売

前の日の残りの餃子や焼売も、中身に変化をつけたり簡単アレンジ。お弁当の主菜に生まれかわります。

ハム&チーズ餃子

材料
餃子の皮……2枚、ハム……1枚、チーズ……½枚、揚げ油……適量

作り方
1. ハムとチーズは細切りにする。
2. 餃子の皮で1を包み、180℃の油で揚げる。

揚げ焼売

材料
焼売(市販品)……2個、揚げ油……適量

作り方
1. 焼売は180℃の油で揚げる。

残りものもアレンジ次第で主役おかずに

> **ウィンナー・ソーセージ**
>
> みんな大好きお弁当の鉄板食材。そのまま焼いても炒めても、ウィンナーの旨みが利きます。

ウィンナー炒め

材料

ウィンナー……1本、ピーマン……½個、コーン……小さじ1、塩・こしょう……各少々、サラダ油……小さじ½

作り方

1. ウィンナーは斜めに切り、ピーマンは細切りにする。
2. フライパンにサラダ油を熱し、1、コーンを入れて炒め、塩、こしょうで味を調える。

魚肉ソーセージのカレー炒め

材料

魚肉ソーセージ……⅓本、じゃがいも……30g、カレー粉……小さじ½弱、塩……少々、イタリアンパセリ……少々、サラダ油……適量

作り方

1. 魚肉ソーセージを細切りにする。じゃがいもは細切りにして水にさらす。
2. フライパンに薄くサラダ油をひき、じゃがいもを炒める。
3. じゃがいもが透き通ってきたら、魚肉ソーセージを加えて炒める。カレー粉を加え、塩で味を調える。イタリアンパセリを飾る。

ウィンナーの ケチャップ炒め

材料
ウィンナー……2本、**A**（ケチャップ……小さじ½、塩・こしょう……各少々）、サラダ油……小さじ½

作り方
1 ウィンナーを斜めに切る。
2 フライパンにサラダ油を熱し、1を入れて炒め、**A**をからめて味をつける。

加工食材

ウィンナー・ソーセージ

魚肉ソーセージの ケチャップ炒め

材料
魚肉ソーセージ……30g、ケチャップ……小さじ1、サラダ油……小さじ½

作り方
1 魚肉ソーセージは小さめの乱切りにする。
2 フライパンにサラダ油を熱し、魚肉ソーセージを炒め、ケチャップで味をつける。

ソーセージの
ピリ辛こしょう炒め

◎ 材料
魚肉ソーセージ……30g、ブラックペッパー……小さじ1、サラダ油……小さじ½

◎ 作り方
1 魚肉ソーセージは1cm厚さの輪切りにする。
2 フライパンにサラダ油を熱し、魚肉ソーセージを炒め、ピックにさし、ブラックペッパーを散らす。

アレンジ

さといもの甘辛焼き

◎ 材料
さといも……小2個、片栗粉……小さじ1、すき焼きのたれ……小さじ1、サラダ油……小さじ1

◎ 作り方
1 さといもは電子レンジで1分加熱し、皮をむいて半分に切り、片栗粉を薄くまぶす。
2 フライパンにサラダ油を熱し、1を焼く。すき焼きのたれを加え、からめる。

---

column
ピックを使ったアレンジに挑戦!
カラフルピックレシピ

昔はお弁当でミートボールを串にさすときは、つまようじを使ったりと、味気ないものが多かったですが、最近では、カラフルなピックがたくさん登場しています。ピックはプラスチック製のものが多く、洗って何度も使うことができるので、エコで経済的。小さい子ども向けのものだけでなく、大人も楽しめるピックが登場しているので活用してみてはいかがでしょう。

ピックでアレンジ！

ウィンナーと
コーンのスティック

◎ 材料
ウィンナー …… 1/2本、ヤングコーン …… 1/2本、サラダ油 …… 小さじ1/2

◎ 作り方
1. ウィンナーとヤングコーンは2cm長さに切る。
2. フライパンにサラダ油を熱し、1を炒める。
3. ピックに2のウィンナーとヤングコーンを交互にさす。

ウィンナーと
パプリカのスティック

◎ 材料
ウィンナー …… 1/2本、赤パプリカ …… 適量、サラダ油 …… 小さじ1/2

◎ 作り方
1. ウィンナーは2cm長さに切る。パプリカは2cm角に切る。
2. フライパンにサラダ油を熱し、1を炒める。
3. ピックに2のウィンナーとパプリカを交互にさす。

ウィンナーと
アスパラガスのスティック

◎ 材料
ウィンナー …… 1/2本、アスパラガス（根元の部分）…… 4cm、サラダ油 …… 小さじ1/2

◎ 作り方
1. ウィンナーとアスパラガスは2cm長さに切る。
2. フライパンにサラダ油を熱し、1を炒める。
3. ピックに2のウィンナーとアスパラガスを交互にさす。

エコで経済的 シリコンカップ便利術

check 1
繰り返し使えるのでエコで経済的

check 2
カラフルなので、お弁当の彩りアクセントにも

お弁当生活でとっても活躍するシリコンカップ

お弁当のおかず入れとして欠かせなくなったシリコンカップ。やわらかいけれど張りのあるシリコン素材でできているから、汁気の多いものを入れてもしみ出しません。お弁当箱の中でギュッとフィットしてくれるからスキマうめにも重宝。カラフルな色がお弁当をにぎやかにしてくれるすぐれものです。何度でもくり返し洗って使えるので、紙やアルミ箔でできたカップよりも経済的。耐熱温度の範囲が広く、おかずをシリコンカップに入れて冷凍し、そのまま電子レンジで温めることもできます。サイズや色も豊富で形もさまざまなものがあるので、いろいろとり揃えておくととても便利です。

以前は銀紙だったおかずカップも、今ではシリコン製のカップが常識！何度も使え、丈夫だから本当に便利です。

Q におい移りしない？

A 食材によってはにおいや色が移るものがあります。食べたらすぐ洗う、一晩お湯につけておく、酢水で洗うなどするとにおいは取れやすくなります。

シリコンカップの メリット・デメリット

シリコンカップのメリットはなんといってもそのまま冷凍も、加熱もできること。キッチン用品を扱う店舗のほか、通販や100円ショップ、スーパーなど、さまざまなところで購入することができます。

手軽に手に入るようになっていますが取り扱いメーカーによっては、耐熱温度などをきちんと明記していない場合もあるので、冷凍したり、解凍するときに電子レンジやトースターで加熱できるよう耐熱温度の表示がきちんとされているものを購入しましょう。

また、何度でも洗って使えますが、油汚れは落ちにくいというデメリット

も。ギトギトした油汚れなら、カップをひっくり返して台所洗剤でお湯を使って洗いましょう。

CHECK POINT

☑ **耐熱温度**
マイナス40度〜200度くらいの間がスタンダード。きちんと明記されているかどうかチェックを。

☑ **形**
従来のアルミカップと同じヒダつきのほか、すとんとした形、花型やハート型などいろいろ。

☑ **色**
黄、緑、オレンジ、ピンク等々、カラフルな色がいっぱい。お弁当の彩りとしても使えます。

Q どのくらいもつ?
A 冷凍や加熱の有無や、使用頻度にもよりますが、耐久性は高く、数年使えるものもあります。

Q ふたに挟んでも平気?
A シリコン製でやわらかいので、お弁当のふたに挟まってしまっても大丈夫。ただし薄手のものは、切れてしまうことがあります。

残りものの シチューをアレンジ！

基本のビーフシチュー

材料（2人分）
牛バラ角切り肉 …… 180g、玉ねぎ …… 1/2個、にんじん …… 1/2本、マッシュルーム …… 4個、塩・こしょう …… 各少々、A（赤ワイン …… 大さじ4、ローリエ …… 1枚、水 …… 600㎖）、デミグラスソース（市販品）…… 100g、ブロッコリー（ゆでたもの）…… 適量、サラダ油 …… 小さじ2

作り方
1. 牛肉は塩、こしょうで下味をつける。
2. 玉ねぎは2cm幅のくし形、にんじんは乱切りにする。マッシュルームは半分に切る。
3. 鍋にサラダ油を熱し、1を入れて焼き目をつけて余分な油を拭き取り、Aを入れて30分ほど煮る。
4. 肉がやわらかくなったら2、デミグラスソースを入れる。
5. 器に入れ、ブロッコリーを添える。

基本のホワイトシチュー

材料（2人分）
鶏肉 …… 150g、玉ねぎ …… 1/2個、にんじん …… 1/2本、じゃがいも …… 1個、塩・こしょう …… 各少々、A（水 …… 200㎖、ローリエ …… 1枚）、ホワイトシチュールー（市販品）…… 40g、サラダ油 …… 大さじ1

作り方
1. 鶏肉はひと口大に切り、塩、こしょうで下味をつける。
2. 玉ねぎは1cm幅のくし形、にんじんは乱切り、じゃがいもはひと口大に切る。
3. 鍋にサラダ油を熱し、1を入れて炒め、色がかわったら2を加えて炒め合わせ、Aを入れて煮る。
4. 野菜がやわらかくなったら、ホワイトシチューのルーを入れて味を調える。

ビーフシチューの包み揚げ

材料
食パン …… 1/2枚、基本のビーフシチュー（上記参照）…… 大さじ1、スライスチーズ …… 1/4枚、揚げ油 …… 適量

作り方
1. 食パンは半分に切り、切り口に切り込みを入れ、ポケットを作る。
2. ビーフシチューとチーズを入れ、具がはみ出さないように手でまわりをぎゅっとつまんで包む。
3. 170℃の油で2を揚げる。

シチューの包み揚げ

材料
食パン …… 1/2枚、基本のホワイトシチュー（上記参照）…… 大さじ1、スライスチーズ …… 1/4枚、揚げ油 …… 適量

作り方
1. 食パンは半分に切り、切り口をスライスするように切り込みを入れ、ポケットを作る。
2. ホワイトシチューとチーズを入れ、具がはみ出さないように手でまわりをぎゅっとつまんで包む。
3. 170℃の油で2を揚げる。

マカロニ・パスタ・グラタン

ヨーロッパで古くから食べられている主食食材をアレンジしたお弁当おかず。炭水化物なので、主食のごはんのかわりにお弁当に入れてもOK。

マカロニグラタン

材料

マカロニ……10g、ブロッコリー(穂先)……小2個、ハム……½枚、玉ねぎ……5g、小麦粉……小さじ⅓、牛乳……3㎖、塩・こしょう……各少々、ピザ用チーズ……大さじ½

作り方

1. マカロニは小鍋に塩少々(分量外)を入れてゆで、ゆで時間の1分前に小房にわけたブロッコリーを入れてゆでる。ハムは1cm幅に切る。
2. フライパンに薄いくし切りにした玉ねぎを入れて炒め、しんなりしたら小麦粉を加えて炒める。
3. 2に牛乳を入れ、とろみが出たらハムを加えて塩、こしょうで味を調える。
4. 耐熱カップに3を入れ、1のマカロニ、チーズをのせてオーブントースターで軽く焼き目がつくまで焼く。

Macaroni

> ### マカロニ
> サラダにグラタンに、重めのおかずに大活躍。ゆで加減がポイントです。

サケのマカロニサラダ

材料

マカロニ……10g、玉ねぎ……20g、サケフレーク……小さじ1、**A**(マヨネーズ……適量、塩・こしょう……各少々、粒マスタード……適量)

作り方

1. 小鍋でマカロニをゆで、水気をきる。
2. 玉ねぎは薄切りにし、塩少々(分量外)でもみ、水気を絞る。
3. ボウルにサケフレーク、*1*、*2*、**A**を入れて和える。

にんじんのマカロニサラダ

材料

マカロニ……10g、にんじん……5g、玉ねぎ……20g、**A**(マヨネーズ……適量、塩・こしょう……各少々、粒マスタード……適量)

作り方

1. 小鍋でマカロニをゆで、ゆであがる時間の3分前に、太めのせん切りにしたにんじんを入れて一緒にゆで、水気をきる。
2. 玉ねぎは薄切りにし、塩少々(分量外)でもみ、水気を絞る。
3. ボウルににんじん、*1*、*2*、**A**を入れて、和える。

きゅうりとハムのマカロニサラダ

材料

マカロニ……10g、きゅうり……5g、玉ねぎ……5g、ハム……½枚、チーズ……5g、ツナ……5g、塩・こしょう……各少々、マヨネーズ……小さじ1と½

作り方

1. マカロニを小鍋に塩少々(分量外)を入れてゆでる。
2. きゅうりと玉ねぎはせん切りにし、塩少々(分量外)をふってしばらくおき、水気を絞る。チーズは角切りにする。
3. ボウルに1、2、ハム、チーズ、シーチキンを入れ、塩、こしょうで味つけし、マヨネーズで和える。

和風マカロニグラタン

材料

マカロニ……10g、きぬさや……2枚、鶏肉……20g、玉ねぎ……5g、しいたけ……½枚、牛乳……30㎖、塩・こしょう……各少々、ピザ用チーズ……大さじ½、小麦粉……小さじ⅓

作り方

1. マカロニは小鍋に塩少々(分量外)を入れてゆで、ゆであがる時間の1分前にきぬさやを入れてゆでる。
2. 鶏肉はひと口大に切り、玉ねぎとしいたけは薄切りにする。
3. フライパンに油をひき、2を入れて炒めて、塩、こしょうで味をつける。
4. 3に牛乳を入れ、とろみが出たら再び塩、こしょうで味を調える。
5. 耐熱カップに4を入れ、チーズ、1のきぬさやを斜め切りにして散らし、オーブントースターで軽く焼き目がつくまで焼く。

パスタ

ちょこっとパスタがお弁当を華やかに。半分に折ってゆでれば食べやすさアップ。

2 和風パスタ

材料
パスタ（乾燥）……20g、スナップえんどう……1本、長ねぎ……5cm、しめじ……20g、**A**（しょうゆ……小さじ1、塩・こしょう……各少々、オリーブ油……少々）

作り方
1. パスタは半分に折り、小鍋に塩少々（分量外）を入れてゆで、ゆであがり3分前にスナップえんどうを加えてゆで、水気をきる。
2. 長ねぎ、1のスナップえんどうは斜めに切る。しめじはほぐしておく。
3. フライパンに2を入れて炒め、1を加えて**A**で味をつける。

1 明太パスタ

材料
パスタ（乾燥）……20g、明太子……20g、塩……少々、青のり……少々、オリーブ油……少々

作り方
1. パスタは半分に折り、小鍋に塩少々（分量外）を入れてゆでる。
2. ボウルにほぐした明太子とオリーブ油を入れて混ぜ、1を加えて和え、塩で味を調えて青のりをふる。

ミートソースパスタ

材料
パスタ（乾燥）……20g、ミートソース（缶詰）……20g、パセリ（みじん切り）……少々

作り方
1. パスタは半分に折り、小鍋に塩少々（分量外）を入れてゆでる。
2. ミートソースを温め、1を加えてからめる。パセリをふる。

カルボナーラ

材料
パスタ（乾燥）……20g、**A**（卵黄……½個分、生クリーム……大さじ1、オリーブ油……小さじ1、塩・こしょう……各少々、パセリ……適量）

作り方
1. パスタは半分に折り、小鍋に塩少々（分量外）を入れてゆでる。
2. フライパンに1、**A**を入れ、卵黄に火が通るまで炒め、パセリをふる。

シーフードパスタ

材料
パスタ（乾燥）……20g、シーフードミックス（冷凍）……20g、にんにく（みじん切り）……少々、塩・こしょう……各少々、パセリ（みじん切り）……少々、オリーブ油……小さじ1

作り方
1. パスタは半分に折り、小鍋に塩少々（分量外）を入れてゆでる。シーフードミックスは解凍しておく。
2. フライパンにオリーブ油をひき、にんにくを入れて香りが立ったら、1のシーフードミックスを入れて炒める。
3. 1のパスタを加え、塩、こしょうで味を調えてパセリを散らす。

グラタン

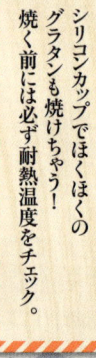

シリコンカップでほくほくのグラタンも焼けちゃう！焼く前には必ず耐熱温度をチェック。

1 野菜と鶏のささ身グラタン

◎ 材料
ささ身 ⋯⋯ 小1本、しいたけ ⋯⋯ 1枚、長ねぎ ⋯⋯ 3cm、じゃがいも ⋯⋯ 小1/3個、塩・こしょう ⋯⋯ 各少々、ピザソース ⋯⋯ 小さじ1、ピザ用チーズ ⋯⋯ 大さじ1/2、サラダ油 ⋯⋯ 小さじ1/2

◎ 作り方
1. ささ身はひと口大に切る。しいたけ、長ねぎ、じゃがいもは小さめに切る。
2. フライパンにサラダ油を熱し、1を炒めて塩、こしょうで味つけをし、ピザソースをからめる。
3. 耐熱カップに2を入れ、ピザ用チーズをのせ、オーブントースターでチーズがとろけるまで焼く。

---

2 サケグラタン

◎ 材料
サケ ⋯⋯ 1/3切れ、玉ねぎ ⋯⋯ 1/10個、ブロッコリー ⋯⋯ 10g、ミニトマト ⋯⋯ 1個、塩・こしょう ⋯⋯ 各少々、ピザソース ⋯⋯ 小さじ1、ピザ用チーズ ⋯⋯ 大さじ1/2、サラダ油 ⋯⋯ 小さじ1/2

◎ 作り方
1. サケはひと口大に切り、玉ねぎは小さめに切る。ブロッコリーは小さめに切り、さっとゆでる。
2. フライパンにサラダ油を熱し、1のサケと玉ねぎを炒めて塩、こしょうで味つけをし、ピザソースをからめる。
3. 耐熱カップに2とブロッコリーを入れ、ピザ用チーズをのせ、オーブントースターでチーズがとろけるまで焼く。

---

3 鶏のささ身グラタン

◎ 材料
ささ身 ⋯⋯ 小1本、玉ねぎ ⋯⋯ 1/10個、ピーマン ⋯⋯ 1/4個、塩・こしょう ⋯⋯ 各少々、ピザソース ⋯⋯ 小さじ1、ピザ用チーズ ⋯⋯ 大さじ1/2、サラダ油 ⋯⋯ 小さじ1/2

◎ 作り方
1. 鶏ささ身はひと口大に切る。長ねぎ、じゃがいもは、小さめに切る。じゃがいもはゆでておく。
2. フライパンにサラダ油を熱し、1を炒めて塩、こしょうで味つけをし、ピザソースをからめる。
3. 耐熱カップに2を入れ、ピザ用チーズをのせ、オーブントースターでチーズがとろけるまで焼く。

お弁当ちびごはん♪

保育園のちびこにもOK!!

コロコロボールしゅうまい

材料（6コ分）

豚ひき肉……100g、れんこん……30g、**A**（キャベツ……40g、片栗粉……小さじ4、塩・こしょう……各少々、ごま油……小さじ2)、片栗粉……適量、グリーンピース（皮を取りのぞいたもの）……3粒、コーン……3粒

作り方

1. れんこんはさっとゆでて細かく切る。キャベツはせん切りにする。
2. ボウルに1と**A**を入れてよく混ぜて合わせ、丸くして片栗粉をまぶして中央にグリンピース、コーンをのせる。
3. 皿に2をのせ、軽くぬらしたキッチンペーパーをかぶせて、電子レンジに3分ほどかけて中まで火を通す。

ミニヘルシーバーグ

材料

鶏ひき肉 …… 30g、**A**（木綿豆腐 …… 15g、溶き卵 …… 5g、長ねぎ …… 5g、塩 …… 少々）、**B**（だしの素 …… 小さじ⅓、水 …… 適量、しょうゆ …… 少々(数滴)、グリーンピース（冷凍） …… 4〜5粒）、水とき片栗粉 …… 少々、サラダ油 …… 適量

作り方

1. 鶏ひき肉に**A**を混ぜ合わせてよく練り、小さめのハンバーグに成形する。
2. フライパンにサラダ油をひき、*1*の両面を焼く。
3. 小鍋に**B**を入れて煮立たせ、水とき片栗粉を加えてとろみをつけてあんを作り、ハンバーグにからませる。

ヘルシーミートローフ

材料

鶏ひき肉 …… 50g、片栗粉 …… 小さじ1、**A**（鶏ガラスープの素 …… 適量、塩 …… 少々、うずらの卵 …… 1個）、にんじん（5mm角×10cm） …… 2本、いんげん …… 1本

作り方

1. 鶏ひき肉と片栗粉、**A**をよくこねて、ラップの上で長方形にのばす。
2. 野菜を手前にのせてラップを手前からクルクル巻いてしっかりと押さえる。
3. 電子レンジで4〜5分加熱する。

イワシのつみれ焼き

材料

イワシ …… 1尾、山いも …… 20g、**A**（みそ …… 小さじ⅓、しょうが …… 少々、長ねぎ（みじん切り） …… 小さじ2、片栗粉 …… 小さじ1、しょうゆ …… 少々）、青じそ …… 2枚、サラダ油 …… 適量

作り方

1. イワシは頭を取り、手開きにして中骨と尾を取って、包丁で細かくする。
2. 山いもはすりおろし、*1*、**A**と混ぜる。青じその上にのせて成形する。
3. フライパンにサラダ油を熱し、*2*を青じそ側から入れて両面焼く。

にんじん入り鶏肉だんご

◉ 材料

鶏ひき肉……30g、**A**（長ねぎ……5g、溶き卵……5g、片栗粉……小さじ½、塩……少々）、にんじん（3mm角）……3～4粒、麺つゆ……大さじ1、水……適量

◉ 作り方

1. 鶏ひき肉にAを混ぜ合わせる。長ねぎはみじん切りにする
2. 1を丸め、にんじんを埋め込む。鍋に麺つゆ、ひたひたに水を入れて煮る。

> にんじんが彩りとしても活躍してくれる

グリーンピース入り鶏肉だんご

◉ 材料

鶏ひき肉……30g、**A**（長ねぎ……5g、溶き卵……5g、片栗粉……小さじ½、塩……少々）、グリーンピース……3～4粒、麺つゆ……大さじ1、水……適量

◉ 作り方

1. 鶏ひき肉にAを混ぜ合わせる。長ねぎはみじん切りにする。
2. 1を丸め、グリンピースを埋め込む。鍋に麺つゆ、ひたひたに水を入れて煮る。

> コロコロのグリーンピースがかわいい！

advice 6 保育園のお弁当にちびごはん

「ママ全部食べたよ！」と嬉しい言葉をもらえるお弁当ってどんなの？

幼稚園や保育園などに通う子どものお弁当は、何といっても全部食べてもらえるか？　が大問題。そのためには、次の3つのポイントをおさえましょう。

1. 残さずに食べきれる量にする。「全部食べた！」と言える満足感、達成感を大切に。
2. おにぎりはひと口サイズにし、のりやラップを巻いて食べやすくする。
3. おかずもひとつひとつを小さめに。少し小さめかな？　と思うくらい

のお弁当箱に、主食（ごはんやパン）：主菜（肉・魚）：副菜（野菜など）を1：1：1で詰めると子どもが食べやすいお弁当になります。量は普段の食事を参考に、朝ごはんの進み具合などもチェックしましょう。ごはんはふりかけなどで味をつけて食べやすくしてあげるのもポイント！　さらにおかずもひと口サイズに。食べやすくピックなどを使うと喜ばれます。

最近では子どもたちが喜ぶようなキャラクターもののピックやラッピンググッズなどが多く販売されています。見た目でも楽しめるようにしましょう。

---

check point

☑ 全部食べた!! と満足できるお弁当にする。

☑ お弁当の時間内に食べきれるように食べやすくする。

☑ わぁ！ 食べたいと思えるように彩りをよくする。

残りもののミートソースやカレーをアレンジ！

基本のミートソース _{1品レシピ}

材料（2人分）

牛ひき肉 ---- 150g、玉ねぎ ---- 1/4個、にんじん ---- 1/4本、にんにく ---- 少々、A（トマトの水煮缶 250g、赤ワイン ---- 100㎖、水 ---- 100㎖、顆粒ブイヨン ---- 小さじ1、ローリエ ---- 1枚、塩・こしょう ---- 各少々）、サラダ油 ---- 大さじ1

作り方

1. 玉ねぎ、にんじん、にんにくはみじん切りにする。
2. 鍋にサラダ油を熱し、1を入れて炒め、しんなりしたらひき肉を加える。
3. Aを加え、汁気がなくなるまで煮詰める。

基本のカレー _{1品レシピ}

材料（2人分）

豚肉 ---- 150g、玉ねぎ ---- 1/2個、にんじん ---- 1/2本、じゃがいも ---- 1個、塩・こしょう ---- 各少々、A（ローリエ ---- 1枚、水 ---- 200㎖）、カレールー（市販品） ---- 40g、サラダ油 ---- 適量

作り方

1. 豚肉はひと口大に切り、塩、こしょうで下味をつける。
2. 玉ねぎは1cm幅のくし形、にんじんは乱切り、じゃがいもはひと口大に切る。
3. 鍋にサラダ油を熱し、1を入れて炒め、色がかわったら2を加えて炒め合わせる。
4. Aを入れて煮て、カレールーを入れて味を調える。

▼

ミートソースの包み揚げ

材料

食パン ---- 1/2枚、基本のミートソース（上記参照） ---- 大さじ1、スライスチーズ ---- 1/4枚、揚げ油 ---- 適量

作り方

1. 食パンは半分に切り、切り口に切り込みを入れ、ポケットを作る。
2. ミートソースとチーズを入れ、具がはみでないように手でまわりをぎゅっとつまんで包む。
3. 170℃の油で2を揚げる。

▼

カレーの包み揚げ

材料

食パン ---- 1/2枚、基本のカレー（上記参照） ---- 大さじ1、スライスチーズ ---- 1/4枚、揚げ油 ---- 適量

作り方

1. 食パンは半分に切り、切り口をスライスするように切り込みを入れ、ポケットを作る。
2. カレールーとチーズを入れ、具がはみ出さないように手でまわりをぎゅっとつまんで包む。
3. 170℃の油で2を揚げる。

ごはん

普段のごはんにひと手間加えると彩りもゆたかな混ぜごはんに大変身。お弁当を華やかにしてくれます。

コーンアスパラガスごはん

◉ 材料

アスパラガス……2本、ベーコン……1枚、コーン……大さじ1、ごはん……100g、塩……小さじ1/6、こしょう……少々、サラダ油……小さじ1½

◉ 作り方

1. アスパラガスは下ゆでし、斜め切りにする。ベーコンは1cm幅に切る。
2. フライパンにサラダ油を熱し、1のベーコンを入れて炒め、1のアスパラ、コーン、ごはんを加えて炒め合わせ、塩、こしょうで味を調える。
3. ラップに2の半量をのせ、丸いおにぎりを2つ作る。

Rice

混ぜごはん

主食のごはんにもひとつアレンジを加えて、お弁当の彩りを豊かにしましょう。

タコめし

材料

タコ（刺身用）⋯⋯ 100g、小ねぎ ⋯⋯ 小さじ2、**A**（しょうゆ ⋯⋯ 小さじ1、酒 ⋯⋯ 小さじ1、和風だしの素 ⋯⋯ 少々）、ごはん ⋯⋯ 100g、**B**（紅しょうが ⋯⋯ 小さじ1、炒りごま ⋯⋯ 小さじ1）、ごま油 ⋯⋯ 小さじ1

作り方

1. 小ねぎは小口切りにする。タコは食べやすい大きさに切る。フライパンにごま油を熱し、タコを炒め、**A**を入れて味つけする。
2. ごはんに1を入れて混ぜ合わせ、**B**を加えて混ぜる。
3. カップに盛り、小ねぎを散らす。

ホタテとベーコンの炒めごはん

材料

ホタテ（缶詰）⋯⋯ 40g、ベーコン ⋯⋯ 1枚、小ねぎ ⋯⋯ ½本、**A**（鶏がらスープの素 ⋯⋯ 小さじ⅓、塩・こしょう ⋯⋯ 各少々）、ごはん ⋯⋯ 100g、ごま油 ⋯⋯ 小さじ1

作り方

1. ホタテの汁気を絞る。ベーコンは短冊切りにし、小ねぎは小口切りにする。
2. フライパンにごま油をひき、ホタテ、ベーコン、小ねぎを入れ、**A**を加えて炒める。
3. ごはんを入れ、炒め合わせる。

チキンライス

材料
鶏もも肉 …… 60g、玉ねぎ …… ⅛個、サラダ油 …… 小さじ1、**A**(ごはん …… 100g、ケチャップ …… 大さじ1、グリンピース …… 小さじ1)、**B**(塩 …… 小さじ⅕、こしょう …… 少々)

作り方
1. 鶏肉は1cm角に切る。玉ねぎはみじん切りにする。
2. フライパンにサラダ油を熱し、*1* を炒めて火が通ったら**A**を加えて炒め合わせ、**B**で味を調える。
3. ラップに *2* の半量をのせ、丸いおにぎりを2つ作る。

牛肉のカレー炒めごはん

材料
牛肉(細切れ) …… 30g、にんにく(みじん切り) …… 少々、**A**(チーズ …… 適量、カレー粉 …… 小さじ¼、ごはん …… 100g、パセリ(みじん切り) …… 少々)、塩・こしょう …… 各少々、サラダ油 …… 小さじ1

作り方
1. フライパンにサラダ油をひき、にんにくを入れて香りが立ったら、牛肉を炒める。
2. *1* に**A**を入れてよく混ぜ合わせ、塩、こしょうで味を調える。
3. ラップに *2* の半量をのせ、丸いおにぎりを2つ作る。

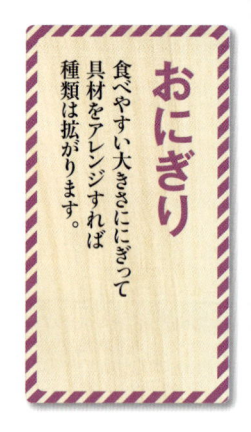

おにぎり

食べやすい大きさににぎって具材をアレンジすれば種類は拡がります。

じゃこのおにぎり

◉ 材料
ごはん……100g、ちりめんじゃこ……大さじ1、青のり……小さじ1

作り方
1 ボウルにごはん、ちりめんじゃこ、青のりを入れて混ぜ、おにぎりにする。

定番の梅を混ぜ込めば保存も◎

梅じゃこのおにぎり

◉ 材料
ごはん……100g、ちりめんじゃこ……大さじ1、梅肉……梅干し1個分

作り方
1 ボウルにごはん、ちりめんじゃこ、梅肉を入れて混ぜ、おにぎりにする。

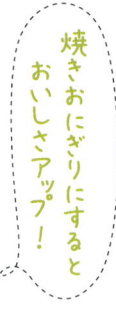

焼きおにぎりにするとおいしさアップ！

みそじゃこのおにぎり

材料
ごはん —— 100g、ちりめんじゃこ —— 大さじ1、みそ —— 小さじ1

作り方
1. ボウルにごはん、ちりめんじゃこを入れて混ぜ、おにぎりにする。
2. おにぎりのまわりにみそをまぶす。

いなり寿司

材料
油揚げ —— 1枚、**A**（砂糖 —— 小さじ1、しょうゆ —— 小さじ1、だし汁 —— 適量）、ごはん —— 40g、ちらし寿司の素 —— 大さじ1

作り方
1. 油揚げはさっと熱湯をかけ、油抜きをして半分に切る。
2. 鍋に **1**、**A**を入れて煮る。あら熱がとれたら、袋状に広げる。
3. ごはんにちらし寿司の素を混ぜ、**2**に詰める。

おにぎりのにぎり方

三角おにぎりを握るのは、慣れていないとなかなか難しいところです。適度な力加減を覚えましょう。

手を水でぬらして、あらかじめ手に塩をつけます。

ごはんを手に取ります。おにぎりは小さめに作るほうが食べやすいので、いつものお茶碗1膳分よりも少なめに。ごはんが熱い場合は、一度お椀に取って冷ましたり、ラップを利用しましょう。

具を中心に入れて、効き手を上にして「へ」の字の形に、もう一方の手は丸めるようにして厚みを作ります。回転させながら三角に握ります。

はじめに力を入れてにぎったら、そのあとはあまり力を入れすぎず、ふんわり握るのがコツです。

彩り弁当に挑戦！

本書で紹介した彩りおかずをお弁当に詰め込んで、実際のお弁当箱の詰め方をご紹介します。

みんな大好きな オムライスが入ったお弁当

1 ナゲット
▶レシピ紹介(p.115)

2 オムライスボール
▶レシピ紹介(p.162)

3 お花ウィンナー
▶レシピ紹介(p.162)

4 パプリカチーズ巻き
▶レシピ紹介(p.162)

オムライスボール

材料
A(ごはん……100g、バター……小さじ1、ケチャップ……大さじ1、塩・こしょう……各少々)、溶き卵……1個分、サラダ油……適量、ケチャップ……適量

作り方
1. フライパンにAを入れて炒め合わせ、ケチャップライスを作り、丸く形を整える。
2. 1に塩、こしょうし、溶き卵にくぐらせ、サラダ油を熱したフライパンにのせて弱火で焼く。溶き卵につけては焼くことを2〜3回繰り返す。
3. 卵がしっかりとついたら、ケチャップでペイントする。

お花ウィンナー

材料
ウィンナー……1本、コーン……2粒、きぬさや……2枚

作り方
1. きぬさやはさっとゆでて、斜め半分に切る。
2. ウィンナーを2つに切って、十字に切り込みを入れ、フライパンで焼く。ウィンナーの先が開いたら、コーンを入れる。
3. 2ときぬさやとともにお弁当に入れる。

パプリカチーズ巻き

材料
スライスチーズ……1枚、オレンジパプリカ……1本(5mm×8cm)、焼きのり……¼枚

作り方
1. 焼きのりの上にチーズを重ねる。
2. 細切りにしたパプリカをチーズの端にのせ、端からくるくると巻いて、斜めに切る。

POINT

少し甘めなケチャップライスを卵で包んだオムライスボールを入れたお弁当。ケチャップでアレンジもできちゃうライスボールは作り方のコツをつかめば簡単に作れます。パプリカチーズ巻きは1分もかからずできるスキマおかず。彩りにもなってお弁当を華やかにします。

彩り弁当に挑戦！ オムライスが入ったお弁当

サンドウィッチパンで くるくるロールパン弁当

1 トマトのカプレーゼ
▶レシピ紹介（p.15）

2 パプリカのだし巻き卵
▶レシピ紹介（p.39）

3 くるくるロールパン
▶レシピ紹介（p.164）

4 ヤングコーン炒め
▶レシピ紹介（p.27）

くるくるロールパン

⦿ 材料

ウィンナー……1本、コーン……2粒、サンドウィッチ用パン……2枚、アスパラガス……1本、サラダ菜……1枚、チーズ……1cm角1本、ハム……1枚

⦿ 作り方

1. ウィンナーは十字に切り込みに入れて、フライパンで焼く。ウィンナーの先が開いたら、コーンを入れる。
2. サンドウィッチパンをウィンナーの大きさに切り、サラダ菜、 *1* をおいて端から巻いてピックを刺す。
3. もう1枚のサンドウィッチパンにハム、チーズ、ゆでたアスパラをのせて端からきつく巻いて、ピックをさす。半分に切る。

彩り弁当に挑戦！ くるくるロールパン弁当

POINT

保育園や幼稚園に通っている小さい子どもでも、食べやすいサンドウィッチのお弁当です。ウィンナーをお花に見立て、見た目にもかわいいランチボックスに。おかずは定番の卵焼きと彩りにミニトマトをin。アクセントになるパセリは手頃に収穫できるキッチンプランターで育てておくと便利です。

おにぎり弁当
≪小さめの食べきりサイズ≫

1 れんこんの青のり炒め
▶レシピ紹介(p.72)

2 ハム&チーズ餃子
▶レシピ紹介(p.135)

3 トマトとグレープフルーツのサラダ
▶レシピ紹介(p.17)

4 ブロッコリーとささ身のおひたし
▶レシピ紹介(p.47)

5 梅と切り干し大根ごはん
▶レシピ紹介(p.166)

基本の切り干し大根 (1品レシピ)

◎ 材料

切り干し大根……15g、**A**(にんじん(太めのせん切り)……20g、しいたけ(薄切り)……2枚、油揚げ(短冊切り)……1枚)、**B**(和風だしの素……適量、みりん……小さじ1、砂糖……小さじ1、しょうゆ……小さじ2、サラダ油……小さじ1)

◯ 作り方

1. 切り干し大根は20分ほど水に浸して戻し、水気を絞る。
2. 鍋にサラダ油を熱し、**1**と**A**を入れて炒め、ひたひたの水と**B**を加え、切り干し大根が柔らかくなるまで煮る。

梅と切り干し大根ごはん

◎ 材料

基本の切り干し大根煮(左記参照)……30g、梅干し……¼個、ごはん……150g

◯ 作り方

1. 汁気を絞った基本の切り干し大根を電子レンジで30秒加熱する。
2. 梅干しは刻む。
3. ボウルにごはんと**1**、**2**を入れ、混ぜ合わせる。

彩り弁当に挑戦① おにぎり弁当

POINT

最近、お弁当売り場で見かけないことがない三角形のお弁当箱。ごはん一膳分で握ったおにぎりと、ちょっとのおかずで充実したお弁当になります。ダイエット中のOLさんにも大人気。食物繊維たっぷりの切り干し大根を使ったおにぎりを詰めて、彩り豊かなお弁当に仕上げました。

ほんのり優しい甘みの ホロホロそぼろ弁当

1 ウィンナーとアスパラガスのスティック
▶レシピ紹介（p.139）

2 ハムのポテトサラダ包み
▶レシピ紹介（p.168）

3 白菜とトマトのカレー炒め
▶レシピ紹介（p.16）

ハムのポテトサラダ包み

◎ 材料
じゃがいも —— 小½個、コーン —— 大さじ½、ハム —— 1枚、**A**（マヨネーズ —— 小さじ2、ゆずこしょう —— さじ¼）、パセリ（みじん切り）—— 少々

◎ 作り方
1. じゃがいもは皮をむいてひと口大に切り、串が通るくらいまでゆでる。
2. じゃがいもが熱いうちにマッシャーでつぶし、**A**で味を調える。
3. ハムはフライパンでさっと加熱し、冷めたらカップに花びらのように入れ、冷めた *2* を盛り、パセリを散らす。

1

2

3

彩り弁当に挑戦！

ホロホロそぼろ弁当

POINT

お弁当が華やぐ、卵と肉の2色そぼろ弁当です。時間をおくほど色鮮やかに発色する卵そぼろをポロポロに仕上げるには、菜箸を5〜6本束ねて混ぜるのがコツ。菜箸の代わりに泡立て器を使ってもポロポロになるので、ぜひトライしてみてください。鶏そぼろを作るときも同様です。

特別な日には ちらし寿司弁当

1 ちらし寿司
▶レシピ紹介(p.170)

2 チンゲンサイとささ身のおひたし
▶レシピ紹介(p.66)

3 2色パプリカの牛肉巻き
▶レシピ紹介(p.120)

4 ホタテの牛肉巻き
▶レシピ紹介(p.120)

5 いもきんとん
▶レシピ紹介(p.26)

ちらし寿司

材料

溶き卵 …… ½個分、さやえんどう …… 3枚、むきエビ …… 3尾、ごはん …… 100g、ちらし寿司の素 大さじ2、サラダ油 …… 小さじ½

作り方

1. フライパンにサラダ油を熱し、溶き卵を流し入れ、薄焼き卵を作る。
2. あら熱がとれたら細く切り、錦糸卵にする。
3. むきエビは背ワタを取り、ゆでる。さやえんどうはゆでてせん切りにする。
4. ボウルにごはん、ちらし寿司の素を混ぜ、お弁当に詰めて *1*、*2* をのせる。

> **POINT**
>
> 錦糸卵やさやえんどうが彩りを添える、華やかなちらし寿司のお弁当です。さつまいもの茶巾や牛肉の巻物をプラスして2段重にすれば、お花見や運動会などのイベント弁当としてもピッタリです。

彩り弁当に挑戦

ちらし寿司弁当

長方形のシンプル弁当

POINT

少し大きめのおかずを3品詰めただけの、シンプルな長方形のお弁当です。ごはんの段にカラフルなマリネをプラスすれば、栄養価も華やかさもグンとアップします。

1 パプリカのマリネ
▶レシピ紹介(p.23)

2 豚肉の青しそ巻き
▶レシピ紹介(p.117)

3 サケグラタン
▶レシピ紹介(p.149)

4 水菜とハッサクの和え物
▶レシピ紹介(p.65)

昔ながらの和風弁当

彩り弁当に挑戦！

長方形のシンプル弁当／昔ながらの和風弁当

1 ちくわと小松菜のガーリックカツオ炒め
▶レシピ紹介(p.128)

2 タラのカレーソテー
▶レシピ紹介(p.102)

3 かぼちゃの煮物
▶レシピ紹介(p.28)

4 うずらのソース漬け
▶レシピ紹介(p.90)

5 さっぱり和風巻き
▶レシピ紹介(p.132)

6 こんにゃくのピリ辛炒め
▶レシピ紹介(p.91)

POINT

和食おかずを詰めた昔ながらの日の丸弁当。かぼちゃやちくわ、卵などお弁当の鉄板食材がたくさん。こんにゃくも入っているので、食物繊維たっぷりな和風弁当です。

ちぎり梅ごはんの中華弁当

POINT

男性用のビジネスバックにも入る人気の細めのお弁当箱。少し小さめかな？と思っても、長さがあるので十分におかずを入れられます。シリコンカップのかわりにサラダ菜をおかずの下にひけば、緑のアクセントになります。

1 うずらの卵白ごままぶし
▶レシピ紹介（p.88）

2 チンゲンサイとホタテのおひたし
▶レシピ紹介（p.66）

3 エビのピリ辛炒め
▶レシピ紹介（p.108）

4 揚げ焼売
▶レシピ紹介（p.135）

3色彩りおにぎり弁当

彩り弁当に挑戦！

ちぎり梅ごはんの中華弁当／3色彩りおにぎり弁当

1 魚肉ソーセージのカレー炒め
▶レシピ紹介（p.136）

2 ラディッシュの即席漬け
▶レシピ紹介（p.24）

3 ミニヘルシーハンバーグ
▶レシピ紹介（p.151）

4 パプリカの粒マスタード和え
▶レシピ紹介（p.22）

POINT

味つきごはんをおにぎりにして詰めるだけで、お弁当がカラフルになり、全体がパッと明るくなります。定番の2段お弁当箱に赤、黄、緑のおかずをバランスよく詰めました。少し汁気の多いおかずでも、シリコンカップに入れれば汁漏れしません。

advice 7

野菜アレンジ術 〜カレー粉&キムチの素〜

混ぜるだけ、和えるだけの ごはんがすすむ簡単スパイシーおかず

野菜のおかずで食欲アップを狙うなら、カレー粉やキムチの素がおすすめ！ピリッとしたアクセントを加えて、味のバリエーションが広がります。

カレー粉はさまざまなスパイスをブレンドしたカレー作りのためのもので、しょうゆなど和の調味料にも合う万能スパイスです。いつもの料理に少し加えるだけで、カレー風味に大変身。炒めた野菜の味つけにひとふりしたり、マヨネーズに混ぜたりと使い方はいろいろ。風味づけに少し入れるくらいなら辛くないので、子どものお弁当にも活躍します。

キムチの素は唐辛子とにんにく、りんごやみかんなどが入っているので塩漬けの白菜に入れるだけで本格キムチが作れてしまう調味料です。塩分も含まれるので、お弁当おかずにもピッタリ。野菜に和えるだけで韓国風の和え物に。炒めた野菜にプラスすればピリ辛でごはんがすすむおかずになります。

たけのこのキムチ炒め

◉ 材料
ゆでたけのこ……45g、にんにく（すりおろし）……½片分、しょうが（みじん切り）……1片分、キムチ鍋の素……50㎖、水……30㎖、ラー油……少々、ごま……適量、ごま油……小さじ1

◉ 作り方
1. たけのこは食べやすい大きさに切る。
2. フライパンにごま油をひき、にんにく、しょうがを入れて香りが立ったら、1を炒める。
3. たけのこに火が通ったら、キムチ鍋の素と水を加え、ラー油、ごまをふる。

もっとお弁当を楽しくする

お弁当を毎朝作るのは大変。
おかずのレパートリーも少ないと、組み合わせることもできません。
ここからはお弁当を作るのがもっと楽しくなる方法をご紹介します。

朝は大忙し！弁当作りの時短テク

前準備をしたり、調理器具を使わずに時短！

朝の忙しい時間に作る毎日のお弁当。なるべく短時間でパパッと作れると、お弁当作りも苦ではなくなります。そんなお弁当作りの時短テクニックは、前もって野菜の下ごしらえをして冷凍したり、肉に下味をつけておく「前準備法」と、なるべく包丁や火を使わない「調理器具カット法」に大きく分けられます。それぞれをうまく取り入れて、工夫しましょう。

また、洗いものを少なくするということもポイントのひとつ。なるべく少ない調理器具で済ませれば、後片付けまでささっと終えられます。

朝の忙しい時間にお弁当を作るときはなるべく時短したいもの。忙しいなかお弁当をつくる時短のコツをお教えします。

前準備法テク
電子レンジ大活躍！

電子レンジは冷凍したものを解凍したり、温めたりするだけではありません。葉野菜や根菜をカットしてからラップして電子レンジで加熱すれば、お湯を沸かして茹でるよりも調理時間は短く、洗いものも少なくなります。

魚や肉も調味料をからませてからラップして電子レンジで加熱すれば、あっという間に1品できあがります。

調理器具カット法テク
キッチンバサミ使いで包丁いらず

洗いものを少なくするための便利ツールのひとつがキッチンバサミ。ほうれん草などの葉野菜や、彩りにちょっと使うだけの香味野菜などはハサミでパパッとカットすれば、包丁とまな板の2つの道具を使わず洗いものを少なくできます。

キッチン専用のがっちりしたハサミなら、肉や魚だってバシバシ切れます。肉・魚用などわけて使うと便利です。

食材は1人分の小分け冷凍に

肉や魚介などは、食べやすい大きさにカットして、お弁当おかずの1回分ずつに小分けしましょう。ひき肉なら薄く平らにのばして冷凍すれば使う分だけポキッと折って取り出せます。

味つけをしないで冷凍すれば、いろいろに使えますが、調味料をからめて冷凍しておけば、そのまま電子レンジで加熱するだけで1品できてしまいます。ほうれん草などの葉物野菜は、一度加熱をして食べやすい大きさに切ってから、ラップなどに包んで冷凍すると、1食分だけ使えて便利です。

調理してから作りおきで超ラク！

ハンバーグや肉団子、ひじきの煮物やきんぴらなど、ほとんどのものは調理してからの冷凍が可能です。休日にまとめて作って冷凍しておけば、朝は冷凍庫から取り出して電子レンジで解凍するだけでお弁当ができあがります。

ゆでた野菜や酒蒸しした鶏肉などもシリコンカップに入れて冷凍すれば、解凍して調味料で和えるだけで1品できます。

また常温でも保存できるマリネなどはマリネ液の作り方を覚えておけば、簡単に野菜を漬けて、保存食にもなる常備菜が作れます。

お弁当に入れるおにぎりはラップにくるんで

おにぎりはラップで包み、四つ角を合わせて丸めます。巾着になるようにカラフルなモールや針金入りとじひもでとめれば、そのままお弁当として持っていけます。

フライパンは小さめが◎

お弁当作りのフライパンは、15～20cmの小さめのものがオススメ。火の回りが早く、少量のおかずを作るときにとても便利です。小さいから洗うのもラクで、時短にもなります。

お弁当の冷凍方法

1回分ずつ小分けにして下さごしらえしておく！

市販のお弁当用の冷凍食品を使うのもよいけれど、常備菜を作って冷凍しておけば、我が家の味をお弁当にも入れられて、経済的にも◎。さまざまな食材が冷凍で売られているように、ほとんどの食品が冷凍可能です。トマトや豆腐など冷凍に向かない食材もありますが、調理法次第でおいしくいただけます。お弁当用には、1回分ずつ小分けにして冷凍するのがベスト。すでに調理済みのおかずなら、冷凍も可能なシリコンカップに入れておけば、冷凍してそのままお弁当箱に入れるだけなので簡単です。

時間が限られる朝に、パパッとすばやくお弁当を作るには、フリージングテクを身につけましょう。素材を加工して冷凍し、あとは焼くだけ、温めるだけにしておけば、忙しい朝もらっくらく！

卵

卵は生のまま冷凍すると、解凍したときに黄身だけがかたまったままになってしまいます。卵を冷凍する場合は卵白と黄身をよく溶いてからのほうがいいでしょう。お弁当用には、薄焼卵や炒り卵が便利。薄焼卵は1枚ずつラップに包み、炒り卵はしっかり火を通したものをフリーザーバッグに入れるなどの準備をしておけば、自然解凍で使えます。

葉物

ほうれん草や小松菜などの葉物は、ゆでてから食べやすい大きさに切って冷凍するのが基本。ただし、お弁当に入れる前に調理することも考えて、少しかためにゆでておくことをオススメします。解凍するときは電子レンジを使っても、自然解凍でも大丈夫。そのままおひたしや炒め物などに使うことができます。

根菜

にんじん、ごぼうは使いやすい大きさに切り、ゆでてから冷凍。電子レンジで解凍または自然解凍で使えます。じゃがいもはゆでたあと、つぶしてから小分けにしてラップに包み、フリーザーバッグに入れて冷凍。サラダやコロッケなどに使えます。玉ねぎはみじん切りにして炒めたものを冷凍しておけば、ハンバーグや炒め物に使えます。

肉

肉はすべて冷凍保存できますが、お弁当用には調理したり、下ごしらえしたものが便利。例えば鶏そぼろを作ってフリーザーバッグに入れておけば、使う分だけ出して自然解凍でOK。鶏のから揚げ用、しょうが焼き用に下味をつけたもの、調理済みのハンバーグなどを1回に使う分量で冷凍しておくと、取り出して揚げたり、焼くだけなので、メインのおかずも簡単です。

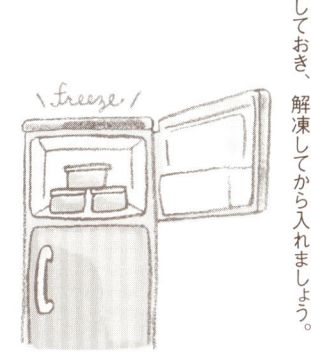

POINT お弁当に詰めるときのポイント

野菜の煮物や和え物は調理した状態で冷凍しておくと、冷凍庫から出してそのまま弁当箱に入れて、昼までに自然解凍でOK。ハンバーグなどは、解凍してからもう一度温め調理してから入れましょう。夏場は、水分が多いと傷みやすくなるので、前の晩に冷蔵庫に移しておき、解凍してから入れましょう。

彩りと栄養のポイント

色のバランス＝栄養バランス
足りない色を補うおかずをプラス

お弁当を作るときに大事にしたいのが、色のバランス。これはそのまま栄養バランスにも通じます。おかずの色は赤・黄・茶・緑・黒・白を基本にしてみましょう。お弁当箱の中に5色あるように、食材選びを心がけます。例えば、揚げものばかりのお弁当だと、足りないのは赤や緑、黒なので、赤いミニトマト、緑のブロッコリー、黒いひじきなどを足せばOK！　栄養的に考えると難しいですが、色で考えれば簡単です。ただし、水分が多い果物を色どりに使うのは避けたいもの。果物は別容器に入れるのがオススメです。

赤

彩りになるだけでなく、栄養豊富な食材がいっぱい

お弁当を彩ってくれるミニトマトは抗酸化作用があります。ヘタから腐敗が進むので、ヘタを取り除いて水気を拭いてお弁当へ入れましょう。赤パプリカの鮮やかな色は赤色色素のカプサイシンを含むから。カプサイシンは胃腸の働きを助け、抗酸化作用を高めてくれます。にんじんは、カロテンを含み、粘膜を強化、カゼ予防に有効で、油と一緒に摂ると、さらに吸収率がよくなります。エビは高タンパクで低脂肪なのでダイエットに最適。コレステロールを下げるタウリンなど魚介類ならではの栄養が豊富です。

- ミニトマト
- 赤パプリカ
- にんじん
- 鮭
- エビ
- 肉

など

黄

火を通しても栄養素は壊れない！ほかの食材との組み合わせも工夫して

卵は人間の体にとって必要不可欠な必須アミノ酸がバランスよく含まれ、免疫力をアップしてくれます。卵焼きやゆで卵にしてお弁当に入れるときは、しっかり火を通しましょう。さつまいもは食物繊維のほか、ビタミンCやビタミンB群が豊富です。さつまいものビタミンCは長時間の加熱でも壊れにくいので、効率よく摂取できます。かぼちゃは免疫機能を高めるβカロテンが豊富。油や牛乳と一緒に摂ると吸収率がよくなります。カルシウム豊富なチーズと合わせるのもオススメです。

- 卵
- とうもろこし
- さつまいも
- かぼちゃ
- チーズ

など

緑 いわずと知れた緑黄色野菜の力。毎日のお弁当に必ずプラスしよう

緑の食材は主に葉野菜や豆類など。ほうれん草などの葉野菜やアスパラガスなど緑の濃い野菜に多く含まれるのが色素成分のクロロフィル。緑の野菜にはビタミンB群のひとつである葉酸が豊富で、血圧を安定させてくれます。ピーマンはビタミンCが豊富で、大きめのピーマンでレモン1個分もあります。緑の豆類のなかでも通年出回っているさやいんげんは、βカロテン、食物繊維、カリウム、リジンなどが多く、疲労回復効果が。夏野菜の枝豆は良質なたんぱく質や、アミノ酸のメチオニンが含まれています。

- ●ブロッコリー
- ●ピーマン
- ●小松菜
- ●ほうれん草
- ●いんげん など

白 エネルギーの素となる主食組。白い野菜も栄養抜群!

主食となるごはんやパンは、人間が活動するうえでのエネルギー源。ごはんはたんぱく質よりも、ビタミン、カルシウムも多く、パンよりも低カロリー。高カロリーのおかずなら、低カロリーのごはんを合わせたほうがダイエット向きです。大根は消化を助ける酵素が多く含まれますが栄養的には葉のほうが優等生。βカロテンやカルシウム、鉄分が多く含まれます。またカリフラワーはビタミンCが豊富。加熱しても溶け出さないので、ゆでただけでもOK! 食物繊維もかぼちゃと同じくらい含まれます。

- ●ご飯
- ●パン
- ●大根 など

黒 ダイエット中の人にオススメな海藻。「ごはんにのり」は最強の組み合わせ

おにぎりに巻いたり、ごはんにのせたりとお弁当で大活躍の焼きのりは、手軽な健康食品です。大豆に匹敵するたんぱく食品でカルシウム、マグネシウム、鉄分、ヨウ素などをたっぷり含んでいるので、ミネラルバランスがよくなります。さらにビタミンも豊富! ビタミンB₁₂はごはんをエネルギーに代えてくれるので、「ごはん+のり」の組み合わせは理想的です。また、ひじきやわかめ、昆布などの海藻は、ビタミンやミネラル、食物繊維が豊富なので、お弁当のおかずにぜひ加えたい素材です。

- ●のり
- ●ひじき
- ●わかめ
- ●黒ごま など

もっとお弁当を楽しくする 彩りと栄養のポイント

Indexメニュー

なすのキムチ炒め	99
いんげんのささ身ロール	113
ヘルシーミートローフ	151
ちらし寿司	170

ウィンナー
アスパラガスのウィンナー炒め	56
ウィンナー炒め	136
ウィンナーのケチャップ炒め	137
ウィンナーとアスパラガスのスティック	139
ウィンナーとコーンのスティック	139
ウィンナーとパプリカのスティック	139
お花ウィンナー	162
くるくるロールパン	164

うずらの卵
うずらの卵青のりまぶし	88
うずらの卵白ごままぶし	88
うずらの卵カツオ節まぶし	89
うずらの卵赤しそふりかけまぶし	89
うずらの卵ソース漬け	90
うずらの卵フライ	90
うずらの卵麺つゆ漬け	90
てり焼き爆弾バーグ	122
和風爆弾バーグ	122

梅
パプリカの梅カツオ和え	22
梅入り卵焼き	39
大根の梅煮	70
長いもの梅肉和え	80
長いものハム巻き	100
ささ身ののり梅ロール	112
豚肉ののり巻き	117
豚肉の青じそ巻き	117
梅じゃこのおにぎり	158
梅と切り干し大根ごはん	166

枝豆
枝豆入りマッシュサラダ	34
枝豆のフリッター風	63
れんこんのおやき(枝豆)	74
なすとエビの炒め物	98

えのき
白菜のピリ辛和え	69
えのき春雨	87
しいたけのマリネ	93
油揚げのカニかま巻き	133

エビ
なすとエビの炒め物	98
エビとセロリのナムル	108
エビのピリ辛炒め	108
簡単エビチリ	109
エビのトースター焼き	109
エビとブロッコリーのサラダ	109
しいたけとエビの生春巻き揚げ	130

あ
青のり
青のりポテト	32
れんこんの青のり炒め	72
長いもの青のり炒め	81
うずらの卵青のりまぶし	88
明太パスタ	146
じゃこのおにぎり	158

赤しそふりかけ
赤しそふりかけポテト	32
長いもの赤しそふりかけ炒め	81
うずらの卵赤しそふりかけまぶし	89

アスパラガス
アスパラガス入りマッシュサラダ	34
アスパラガスのウィンナー炒め	56
アスパラガスの塩昆布和え	56
アスパラガスのマヨ和え	57
アスパラガスとささ身のピーナッツソース	57
アスパラガスとハムのチーズ巻き	100
ちくわのアスパラガス詰め	129
アスパラガスと卵の生春巻き揚げ	131
ウィンナーとアスパラガスのスティック	139
コーンアスパラガスごはん	155
くるくるロールパン	164

厚揚げ
厚揚げの塩麹煮	110

油揚げ
ひじきの煮物	95
油揚げの洋風巻き	132
さっぱり和風巻き	132
ネバネバチーズ巻き	133
油揚げのカニかま巻き	133
いなり寿司	159
梅と切り干し大根ごはん	166
基本の切り干し大根	166

イカ
小松菜とイカのおひたし	45
イカと水菜のピリ辛炒め	106
イカのから揚げ	107
イカのしょうゆ焼き	107
イカ焼き	107

イワシ
イワシのつみれ焼き	151

いんげん
かぼちゃとベーコンの簡単炒め	31
いんげんの塩昆布和え	54
いんげんと卵の粒マスタード和え	54
いんげんとにんじんのキムチ炒め	55
いんげんとにんじんの豚肉巻き	55
れんこんのキムチ炒め	73
春雨としいたけの炒め物	86
こんにゃくのピリ辛炒め	91

牛ひき肉
- 基本のミートソース … 154
- ミートソースの包み揚げ … 154

きゅうり
- きゅうりの甘酢和え … 52
- きゅうりの中華風サラダ … 52
- きゅうりとカニかまのマヨサラダ … 53
- きゅうりとちくわのマヨサラダ … 53
- もやしとハムきゅう炒め … 83
- ごぼうとにんじんのピリ辛マヨ和え … 97
- ごぼうの洋風和え … 97
- ちくわのきゅうり詰め … 129
- きゅうりとハムのマカロニサラダ … 145

魚肉ソーセージ
- 魚肉ソーセージのカレー炒め … 136
- 魚肉ソーセージのケチャップ炒め … 137
- ソーセージのピリ辛こしょう炒め … 138

切り干し大根
- 基本の切り干し大根 … 166
- 梅と切り干し大根ごはん … 166

グリンピース
- 鶏肉のミックスビーンズ和え … 62
- コロコロボールしゅうまい … 150
- グリンピース入り鶏肉だんご … 152
- チキンライス … 157

グレープフルーツ
- トマトとグレープフルーツのサラダ … 17
- 水菜とグレープフルーツの和え物 … 65

ゴーヤ
- ゴーヤとコーンの炒め和え … 60
- ゴーヤのピリ辛ラー油和え … 60
- 簡単ゴーヤチャンプルー … 61
- ゴーヤとベーコンの炒め物 … 61

コーン
- コーン入りマッシュサラダ … 34
- トマトのエッグキッシュ … 40
- ゴーヤとコーンの炒め和え … 60
- れんこんのおやき(枝豆) … 74
- さといもとコーンのサラダ … 79
- 豆もやし炒め … 85
- ウィンナー炒め … 136
- コロコロボールしゅうまい … 150
- コーンアスパラガスごはん … 155
- お花ウィンナー … 162
- くるくるロールパン … 164
- ハムのポテトサラダ包み … 168

ごはん
- コーンアスパラガスごはん … 155
- タコめし … 156
- ホタテとベーコンの炒めごはん … 156
- 牛肉のカレー炒めごはん … 157
- チキンライス … 157

さ

- エビとパプリカの生春巻き揚げ … 131
- エビのがんもどき … 134
- ちらし寿司 … 170

えりんぎ
- パプリカとえりんぎの麺つゆ和え … 23
- 長いもとえりんぎの炒め物 … 82
- えりんぎとパプリカのささ身ロール … 112

オクラ
- オクラのだし巻き卵 … 38
- オクラのおひたし … 59
- オクラのなめたけ和え … 59
- ネバネバチーズ巻き … 133

か

カニかま
- きゅうりとカニかまのマヨサラダ … 53
- 白菜のピリ辛和え … 69
- カニかま春雨 … 86
- 油揚げのカニかま巻き … 133

かぼちゃ
- かぼちゃの大学いも風 … 28
- かぼちゃの煮物 … 28
- かぼちゃのチーズ焼き … 29
- かぼちゃのマッシュサラダ … 29
- かぼちゃきんとん … 30
- かぼちゃのバターソテー … 30
- かぼちゃとベーコンの簡単炒め … 31
- かぼちゃのエッグキッシュ … 41

きぬさや
- カニかま春雨 … 86
- えのき春雨 … 87
- 和風マカロニグラタン … 145
- お花ウィンナー … 162

キャベツ
- トマトのエッグキッシュ … 40
- ミックスベジタブルのエッグキッシュ … 40
- まいたけのエッグキッシュ … 41
- キャベツの豚肉巻き … 43
- キャベツの赤パプリカ巻き … 44
- キャベツの小松菜巻き … 44
- キャベツとささ身のマヨ和え … 45
- 豚キムチ … 118
- コロコロボールしゅうまい … 150

牛肉
- もやしと牛肉の中華炒め … 83
- 2色パプリカの牛肉巻き … 120
- ホタテの牛肉巻き … 120
- 牛肉と玉ねぎのビーフストロガノフ風 … 121
- 牛肉の甘辛炒め … 121
- 基本のビーフシチュー … 154
- ビーフシチューの包み揚げ … 154
- 牛肉のカレー炒めごはん … 157

Indexメニュー

さつまいも (続き)
- さつまいもの大学いも … 26
- さつまいものピカタ … 27

さといも
- さといもとベーコンのサラダ … 78
- さといもとホタテのサラダ … 78
- さといもとコーンのサラダ … 79
- さといもとにんじんのサラダ … 79
- さといもの甘辛焼き … 138

サバ
- サバのみそ煮 … 103

さやえんどう
- じゃがいもとベーコンのさっと煮 … 33
- こんにゃくのピリ辛マヨ炒め … 92
- ちらし寿司 … 170

サラダ菜
- くるくるロールパン … 164

サンマ
- サンマのう巻き風 … 38

しいたけ
- 春雨としいたけの炒め物 … 86
- しいたけのマリネ … 93
- しいたけとエビの生春巻き揚げ … 130
- さっぱり和風巻き … 132
- 和風マカロニグラタン … 145
- 野菜と鶏のささ身グラタン … 149
- 梅と切り干し大根ごはん … 166
- 基本の切り干し大根 … 166

シーフードミックス
- シーフードパスタ … 147

塩麹
- 厚揚げの塩麹煮 … 110
- しめじの塩麹煮 … 110
- ねぎの塩麹煮 … 110

塩昆布
- レタスの塩昆布和え … 45
- ピーマンの塩昆布和え … 50
- いんげんの塩昆布和え … 54
- アスパラガスの塩昆布和え … 56
- セロリの塩昆布漬け … 68
- 玉ねぎの塩昆布和え … 77

しめじ
- 豆もやし炒め … 85
- パプリカとしめじの麺つゆ和え … 93
- しめじの塩麹煮 … 110
- 牛肉の甘辛炒め … 121
- 和風パスタ … 146

じゃがいも
- 青のりポテト … 32
- 赤しそふりかけポテト … 32
- じゃがいもとベーコンのさっと煮 … 33
- じゃがいもの炒め物 … 33
- じゃがいものガレット … 33

(続き)
- 梅じゃこのおにぎり … 158
- じゃこのおにぎり … 158
- いなり寿司 … 159
- みそじゃこのおにぎり … 159
- オムライスボール … 162
- 梅と切り干し大根ごはん … 166
- ちらし寿司 … 170

ごぼう
- 基本の五目豆 … 94
- ひじきとごぼうのきんぴら … 94
- 基本のきんぴらごぼう … 96
- きんぴらごぼうの豚肉とピーマンアレンジ … 96
- 鶏ひき肉入りきんぴらごぼう … 96
- ごぼうとにんじんのサラダ … 97
- ごぼうとにんじんのピリ辛マヨ和え … 97
- ごぼうの洋風和え … 97

小松菜
- キャベツの小松菜巻き … 44
- 小松菜とイカのおひたし … 45
- ちくわと小松菜のガーリックカツオ節炒め … 128

こんにゃく
- こんにゃくのピリ辛炒め … 91
- こんにゃくのピリ辛マヨ炒め … 92
- こんにゃくのゆずこしょう炒め … 92

さ

サケ
- サケのフライ … 104
- サケのムニエル … 104
- サケの中華炒め … 105
- サケのマヨネーズ焼き … 105
- サケグラタン … 149

サケフレーク
- サケのマカロニサラダ … 144

ささ身
- にんじんとささ身のマヨ和え … 18
- キャベツとささ身のマヨ和え … 45
- ブロッコリーとささ身のおひたし … 47
- アスパラガスとささ身のピーナッツソース … 57
- 水菜とささ身の和え物 … 65
- チンゲンサイとささ身のおひたし … 66
- セロリとささ身のマヨ和え … 67
- なすとささ身のポン酢和え … 99
- えりんぎとパプリカのささ身ロール … 112
- ささ身ののり梅和え … 112
- いんげんのささ身ロール … 113
- ささ身の青じそチーズ巻き … 113
- 鶏串 … 124
- 鶏のささ身グラタン … 149
- 野菜と鶏のささ身グラタン … 149

さつまいも
- さつまいものバターソテー … 25
- いもきんとん … 26

大根の葉
大根の葉っぱじゃこ ... 71

大豆
基本の五目豆 ... 94
ひじきと大豆の白和え ... 94

タコ
トマトとタコのソテー ... 17
水菜とタコのピリ辛炒め ... 64
タコめし ... 156

卵
オクラのだし巻き卵 ... 38
サンマのう巻き風 ... 38
梅入り卵焼き ... 39
パプリカのだし巻き卵 ... 39
トマトのエッグキッシュ ... 40
ミックスベジタブルのエッグキッシュ ... 40
かぼちゃのエッグキッシュ ... 41
まいたけのエッグキッシュ ... 41
いんげんと卵の粒マスタード和え ... 54
タラのタルタル添え ... 101
卵とハムの生春巻き揚げ ... 130
アスパラガスと卵の生春巻き揚げ ... 131
カルボナーラ ... 147
オムライスボール ... 162
ちらし寿司 ... 170

玉ねぎ
ズッキーニのミニグラタン ... 58
水菜とハッサクの和え物 ... 65
玉ねぎとパプリカの和え物 ... 76
玉ねぎとみつ葉の和え物 ... 76
玉ねぎの塩昆布和え ... 77
玉ねぎの焼きのり和え ... 77
サケの中華炒め ... 105
サケのマヨネーズ焼き ... 105
簡単エビチリ ... 109
ナゲット ... 115
豚キムチ ... 118
豚のしょうが焼き ... 118
牛肉と玉ねぎのビーフストロガノフ風 ... 121
てり焼き爆弾バーグ ... 122
和風爆弾バーグ ... 122
てり焼きバーグ ... 123
ミートボール ... 123
串カツ ... 124
鶏串 ... 124
メンチカツ ... 125
基本のホワイトシチュー ... 142
シチューの包み揚げ ... 142
基本のビーフシチュー ... 142
ビーフシチューの包み揚げ ... 142
マカロニグラタン ... 143
サケのマカロニサラダ ... 144

アスパラガス入りマッシュサラダ ... 34
枝豆入りマッシュサラダ ... 34
コーン入りマッシュサラダ ... 34
じゃがいもとハムの細切りサラダ ... 35
じゃがいものピカタ ... 35
じゃがいものアリオリソース ... 36
じゃがいものバターソテー ... 36
じゃがいもチーズピザ ... 37
じゃがいもとにんじんの細切りサラダ ... 37
ズッキーニのミニグラタン ... 58
魚肉ソーセージのカレー炒め ... 136
基本のホワイトシチュー ... 142
シチューの包み揚げ ... 142
野菜と鶏のささ身グラタン ... 149
基本のカレー ... 154
カレーの包み揚げ ... 154
ハムのポテトサラダ包み ... 168

しゅうまい
揚げ焼売 ... 135

春菊
春菊のじゃこ和え ... 58
ちくわと春菊のガーリックカツオ節炒め ... 127

食パン
シチューの包み揚げ ... 142
ビーフシチューの包み揚げ ... 142
ミートソースの包み揚げ ... 154
カレーの包み揚げ ... 154

しらたき
しらたきのピリ辛炒め ... 87
牛肉の甘辛炒め ... 121

ズッキーニ
ズッキーニのミニグラタン ... 58

砂肝
砂肝とにらの炒め物 ... 126

スナップえんどう
スナップえんどうのレモン和え ... 62
和風パスタ ... 146

セロリ
セロリとささ身のマヨ和え ... 67
セロリのコンソメ漬け ... 68
セロリの塩昆布漬け ... 68
エビとセロリのナムル ... 108

空豆
空豆のフリッター風 ... 63

た

大根
大根とトマトのカレー炒め ... 16
大根とにんじんのきんぴら ... 70
大根の梅煮 ... 70
大根とにんじんのなます ... 71
大根のピリ辛煮 ... 71
ひじきと大根の炒め物 ... 95

Indexメニュー

春菊のじゃこ和え	58
大根の葉っぱじゃこ	71
梅じゃこのおにぎり	158
じゃこのおにぎり	158
みそじゃこのおにぎり	159

チンゲンサイ
チンゲンサイとささ身のおひたし	66
チンゲンサイとホタテのおひたし	66
もやしとチンゲンサイの和え物	84

ツナ
大根とトマトのカレー炒め	16
白菜とトマトのカレー炒め	16
じゃがいもチーズピザ	37
ほうれん草とツナのおひたし	49
きゅうりの甘酢和え	52
ズッキーニのミニグラタン	58
玉ねぎとみつ葉の和え物	76
きゅうりとハムのマカロニサラダ	145

豆腐
簡単ゴーヤチャンプルー	61
ひじきと大豆の白和え	94
ナゲット	115
エビのがんもどき	134
佃煮のがんもどき	134
ミニヘルシーバーグ	151

鶏肉
鶏肉のミックスビーンズ	62
もやしと鶏肉のラー油和え	85
手羽元煮込み	111
鶏のから揚げ	114
鶏の手羽先揚げ	114
鶏のなんこつ揚げ	114
鶏肉のてり焼き	115
基本のホワイトシチュー	142
シチューの包み揚げ	142
和風マカロニグラタン	145
チキンライス	157

鶏ひき肉
にんじんのピリ辛きんぴら	19
鶏肉のミックスビーンズ和え	62
しらたきのピリ辛炒め	87
鶏ひき肉入りきんぴらごぼう	96
ナゲット	115
ヘルシーミートローフ	151
ミニヘルシーバーグ	151
グリンピース入り鶏肉だんご	152
にんじん入り鶏肉だんご	152

な

長いも
長いもの梅肉和え	80
長いものひじき和え	80
長いもの青のり炒め	81

にんじんのマカロニサラダ	144
きゅうりとハムのマカロニサラダ	145
和風マカロニグラタン	145
サケグラタン	149
鶏のささ身グラタン	149
基本のミートソース	154
ミートソースの包み揚げ	154
基本のカレー	154
カレーの包み揚げ	154
チキンライス	157

タラ
タラのタルタル添え	101
タラのピリ辛炒め	102
タラのカレーソテー	102

チーズ
トマトのカプレーゼ	15
かぼちゃのチーズ焼き	29
じゃがいもチーズピザ	37
ゴーヤとコーンの炒め和え	60
ごぼうの洋風和え	97
アスパラガスとハムのチーズ巻き	100
えりんぎとパプリカのささ身ロール	112
ささ身ののり梅ロール	112
いんげんのささ身ロール	113
ささ身の青じそチーズ巻き	113
ちくわのチーズ詰め	128
油揚げの洋風巻き	132
さっぱり和風巻き	132
ネバネバチーズ巻き	133
油揚げのカニかま巻き	133
ハム&チーズ餃子	135
シチューの包み揚げ	142
ビーフシチューの包み揚げ	142
きゅうりとハムのマカロニサラダ	145
サケグラタン	149
鶏のささ身グラタン	149
野菜と鶏のささ身グラタン	149
ミートソースの包み揚げ	154
カレーの包み揚げ	154
牛肉のカレー炒めごはん	157
パプリカチーズ巻き	162
くるくるロールパン	164

ちくわ
きゅうりの中華風サラダ	52
きゅうりとちくわのマヨサラダ	53
ちくわと春菊のガーリックカツオ節炒め	127
ちくわと小松菜のガーリックカツオ節炒め	128
ちくわのチーズ詰め	128
ちくわのアスパラガス詰め	129
ちくわのきゅうり詰め	129

ちりめんじゃこ
ほうれん草のじゃこ和え	49

188

豚キムチ	118
牛肉と玉ねぎのビーフストロガノフ風	121
さっぱり和風巻き	132
基本のホワイトシチュー	154
シチューの包み揚げ	142
基本のビーフシチュー	142
ビーフシチューの包み揚げ	142
にんじんのマカロニサラダ	144
ヘルシーミートローフ	151
にんじん入り鶏肉だんご	152
基本のミートソース	154
ミートソースの包み揚げ	154
基本のカレー	154
カレーの包み揚げ	154
梅と切り干し大根ごはん	166
基本の切り干し大根	166

ねぎ

ねぎのマリネ	75
タラのピリ辛炒め	102
簡単エビチリ	109
ねぎの塩麹煮	110
牛肉の甘辛炒め	121
しいたけとエビの生春巻き揚げ	130
和風パスタ	146
野菜と鶏のささ身グラタン	149
ミニヘルシーバーグ	151
イワシのつみれ焼き	151
グリンピース入り鶏肉だんご	152
にんじん入り鶏肉だんご	152

のり

ピーマンののり梅和え	51
玉ねぎの焼きのり和え	77
長いもの焼きのり炒め	81
ささ身ののり梅ロール	112
豚肉ののり巻き	117
パプリカチーズ巻き	162

は

白菜

白菜とトマトのカレー炒め	16
白菜のピリ辛和え	69
白菜の豚肉巻き	69

パスタ

明太パスタ	146
和風パスタ	146
カルボナーラ	147
シーフードパスタ	147
ミートソースパスタ	147

ハッサク

水菜とハッサクの和え物	65

パプリカ

パプリカの粒マスタード和え	22
パプリカの梅カツオ和え	22

長いもの焼きのり炒め	81
長いもの赤しそふりかけ炒め	81
長いもとえりんぎの炒め物	82
長いもとベーコン炒め	82
長いもとスティック揚げ	82
長いものハム巻き	100
豚肉の長いも巻き	116
油揚げの洋風巻き	132
ネバネバチーズ巻き	133

なす

なすとエビの炒め物	98
なすと豚肉のポン酢煮	98
なすとささ身のポン酢和え	99
なすのキムチ炒め	99

なめたけ

オクラのなめたけ和え	59

にら

砂肝とにらの炒め物	126

にんじん

にんじんとささ身のマヨ和え	18
にんじんのナムル	18
キャロットサラダ	19
にんじんのピリ辛きんぴら	19
にんじんのイタリアンマリネ	20
にんじんのごま和え	20
にんじんの和風サラダ	20
にんじんの甘煮	21
にんじんのグラッセ	21
にんじんのコンソメ煮	21
じゃがいもとにんじんの細切りサラダ	37
キャベツの豚肉巻き	43
いんげんとにんじんのキムチ炒め	55
にんじんといんげんの豚肉巻き	55
鶏肉のミックスビーンズ和え	62
大根とにんじんのきんぴら	70
大根とにんじんのなます	71
さといもとにんじんのサラダ	79
春雨としいたけの炒め物	86
まいたけのピリ辛炒め	93
基本の五目豆	94
ひじきと大豆の白和え	94
ひじきと大根の炒め物	95
ひじきの煮物	95
基本のきんぴらごぼう	96
きんぴらごぼうの豚肉とピーマンアレンジ	96
鶏ひき肉入りきんぴらごぼう	96
ごぼうとにんじんのサラダ	97
ごぼうとにんじんのピリ辛マヨ和え	97
ごぼうの洋風和え	97
サケの中華炒め	105
簡単エビチリ	109
豚肉のにんじん巻き	116

Indexメニュー

ひき肉
- てり焼き爆弾バーグ ……… 122
- 和風爆弾バーグ ……… 122
- てり焼きバーグ ……… 123
- ミートボール ……… 123
- メンチカツ ……… 125
- コロコロボールしゅうまい ……… 150

ひじき
- 長いものひじき和え ……… 80
- ひじきとごぼうのきんぴら ……… 94
- ひじきと大豆の白和え ……… 94
- ひじきと大根の炒め物 ……… 95
- ひじきの煮物 ……… 95

ひよこ豆
- ひよこ豆のガーリック炒め ……… 62

豚肉
- キャベツの豚肉巻き ……… 43
- キャベツの赤パプリカ巻き ……… 44
- キャベツの小松菜巻き ……… 44
- にんじんといんげんの豚肉巻き ……… 55
- 簡単ゴーヤチャンプルー ……… 61
- 白菜の豚肉巻き ……… 69
- きんぴらごぼうの豚肉とピーマンアレンジ ……… 96
- なすと豚肉のポン酢煮 ……… 98
- 豚肉の長いも巻き ……… 116
- 豚肉のにんじん巻き ……… 116
- 豚肉ののり巻き ……… 117
- パプリカの豚肉巻き ……… 117
- 豚肉の青じそ巻き ……… 117
- 豚キムチ ……… 118
- 豚肉とピーマンの炒め物 ……… 118
- 豚のしょうが焼き ……… 118
- 豚の角煮 ……… 119
- 串カツ ……… 124
- トンカツ ……… 125
- 基本のカレー ……… 154
- カレーの包み揚げ ……… 154

豚ひき肉
- 大根のピリ辛煮 ……… 71
- しらたきのピリ辛炒め ……… 87
- エビのがんもどき ……… 134
- コロコロボールしゅうまい ……… 150

ブロッコリー
- ブロッコリーのマスタード和え ……… 46
- ブロッコリーのマヨ和え ……… 46
- ブロッコリーとささ身のおひたし ……… 47
- ブロッコリーのごま和え ……… 47
- エビとブロッコリーのサラダ ……… 109
- 基本のビーフシチュー ……… 142
- ビーフシチューの包み揚げ ……… 142
- マカロニグラタン ……… 143
- サケグラタン ……… 149

パプリカ
- パプリカとえりんぎの麺つゆ和え ……… 23
- パプリカとまいたけの麺つゆ和え ……… 23
- パプリカのマリネ ……… 23
- パプリカのだし巻き卵 ……… 39
- キャベツの赤パプリカ巻き ……… 44
- 玉ねぎとパプリカの和え物 ……… 76
- パプリカとしめじの麺つゆ和え ……… 93
- まいたけとパプリカの麺つゆ和え ……… 93
- えりんぎとパプリカのささ身ロール ……… 112
- パプリカの豚肉巻き ……… 117
- 2色パプリカの牛肉巻き ……… 120
- エビとパプリカの生春巻き揚げ ……… 131
- 油揚げの洋風巻き ……… 132
- ウィンナーとパプリカのスティック ……… 139
- パプリカチーズ巻き ……… 162

ハム
- じゃがいもとハムの細切りサラダ ……… 35
- ミックスベジタブルのエッグキッシュ ……… 40
- まいたけのエッグキッシュ ……… 41
- 玉ねぎとパプリカの和え物 ……… 76
- もやしとハムきゅうり炒め ……… 83
- アスパラガスとハムのチーズ巻き ……… 100
- 長いものハム巻き ……… 100
- 卵とハムの生春巻き揚げ ……… 130
- ハム&チーズ餃子 ……… 135
- マカロニグラタン ……… 143
- きゅうりとハムのマカロニサラダ ……… 145
- くるくるロールパン ……… 164
- ハムのポテトサラダ包み ……… 168

春雨
- きゅうりの中華風サラダ ……… 52
- 春雨としいたけの炒め物 ……… 86
- カニかま春雨 ……… 86
- えのき春雨 ……… 87

春巻きの皮
- しいたけとエビの生春巻き揚げ ……… 130
- 卵とハムの生春巻き揚げ ……… 130
- アスパラガスと卵の生春巻き揚げ ……… 131
- エビとパプリカの生春巻き揚げ ……… 131

ピーマン
- ピーマンとのりの佃煮和え ……… 50
- ピーマンの塩昆布和え ……… 50
- ピーマンののり炒め和え ……… 51
- ピーマンのピリ辛和え ……… 51
- 豆もやし炒め ……… 85
- ひじきと大根の炒め物 ……… 95
- きんぴらごぼうの豚肉とピーマンアレンジ ……… 96
- サケの中華炒め ……… 105
- 豚キムチ ……… 118
- 豚肉とピーマンの炒め物 ……… 118
- ウィンナー炒め ……… 136
- 鶏のささ身グラタン ……… 149

水菜とグレープフルーツの和え物	65
水菜とささ身の和え物	65
水菜とハッサクの和え物	65
イカと水菜のピリ辛炒め	106

ミックスドライビーンズ

鶏肉のミックスビーンズ和え	62

ミックスビーンズ

長いもとえりんぎの炒め物	82

ミックスベジタブル

ミックスベジタブルのエッグキッシュ	40

ミニトマト

トマトとグレープフルーツのサラダ	17
トマトのエッグキッシュ	40
トマトのハム巻き	100
サケグラタン	149

紫キャベツ

紫キャベツのマリネ	75

明太子

明太パスタ	146

もやし

もやしと牛肉の中華炒め	83
もやしとハムきゅう炒め	83
もやしとチンゲンサイの和え物	84
もやしのキムチ和え	84
豆もやし炒め	85
もやしと鶏肉のラー油和え	85
砂肝とたらの炒め物	126

や

山芋

イワシのつみれ焼き	151

ヤングコーン

ヤングコーン炒め	27
ヤングコーンのマヨ和え	27
ウィンナーとコーンのスティック	139

ら

ラディッシュ

ラディッシュの即席漬け	24

レタス

レタスの塩昆布和え	45

レバー

串焼きレバーのピリ辛和え	126

れんこん

れんこんの青のり炒め	72
れんこんの薄切り炒め	72
れんこんのガーリック炒め	73
れんこんのキムチ炒め	73
れんこんのおやき（枝豆）	74
れんこんのおやき（コーン）	74
基本の五目豆	94
ひじきと大豆の白和え	94
コロコロボールしゅうまい	150

ベーコン

かぼちゃとベーコンの簡単炒め	31
じゃがいもとベーコンのさっと煮	33
トマトのエッグキッシュ	40
かぼちゃのエッグキッシュ	41
ゴーヤとベーコンの炒め物	61
さといもとベーコンのサラダ	78
長いもとベーコン炒め	82
ひじきの煮物	95
トマトのハム巻き	100
コーンアスパラガスごはん	155
ホタテとベーコンの炒めごはん	156

ほうれん草

ほうれん草のごま和え	48
ほうれん草とツナのおひたし	49
ほうれん草のおひたし	49
ほうれん草のじゃこ和え	49

ホタテ

チンゲンサイとホタテのおひたし	66
さといもとホタテのサラダ	78
ホタテの牛肉巻き	120
ホタテとベーコンの炒めごはん	156

ま

まいたけ

パプリカとまいたけの麺つゆ和え	23
まいたけのエッグキッシュ	41
まいたけのピリ辛炒め	93

マカロニ

エビとブロッコリーのサラダ	109
マカロニグラタン	143
サケのマカロニサラダ	144
にんじんのマカロニサラダ	144
きゅうりとハムのマカロニサラダ	145
和風マカロニグラタン	145

マッシュルーム

牛肉と玉ねぎのビーフストロガノフ風	121
基本のビーフシチュー	142
ビーフシチューの包み揚げ	142

ミニトマト

トマトのカプレーゼ	15
白菜とトマトのカレー炒め	16
大根とトマトのカレー炒め	16
トマトとタコのソテー	17
ピックでアレンジミニトマト！	17
トマトとグレープフルーツのサラダ	17
トマトのエッグキッシュ	40
トマトのハム巻き	100
サケグラタン	149

ミートソース

ミートソースパスタ	147

水菜

水菜とタコのピリ辛炒め	64

STAFF

監修	**現役ママお助け隊** 毎日の生活の中でママたちが困っている、料理や家事、育児についての問題を解決するため、インターネット上のブログやSNSでお助けアイデアを紹介している。
調理制作協力	**若宮寿子** 栄養士、FCAJ認定フードコーディネーター、米国NSF HACCP9000コーディネーター。神奈川県横浜市出身。美味しい！ 簡単！ ヘルシー！ をモットーに赤ちゃんからお年寄りまで食事作りのアドバイザーとして、料理教室や雑誌、書籍などで活躍中。http://www.cooklook.jp/
調理補助スタッフ	辻京子、中村涼子、小林富美恵
編集制作	内野侑美(スタジオダンク) 木村亜希子 田口香代
カメラ	市瀬真以(スタジオダンク)
デザイン	森紗登美(スタジオダンク)
イラスト	佐々木麗奈(スタジオダンク)
カバーデザイン	CYCLE DESIGN
撮影協力	貝印株式会社 ☎0120-016-410 株式会社トルネ ☎073-471-1225

レシピブログ
http://www.recipe-blog.jp/

困_{こま}ったときのお弁当_{べんとう} スキマおかず 300

2012年6月25日 初版第1刷発行

監修者	現役ママお助け隊
発行者	穂谷　竹俊
発行所	株式会社 日東書院本社 〒160-0022　東京都新宿区新宿2丁目15番14号　辰巳ビル TEL：03-5360-7522(代表)　FAX：03-5360-8951(販売) 振替：00180-0-705733　URL：http://www.TG-NET.co.jp
印刷所	凸版印刷株式会社
製本所	株式会社セイコーバインダリー

本書の無断複写複製（コピー）は、著作権法上での例外を除き、著作者、出版社の権利侵害となります。
乱丁・落丁はお取り替えいたします。小社販売部までご連絡ください。

©Nitto Shoin Honsha Co.,Ltd. 2012,Printed in Japan
ISBN978-4-528-01946-1 C2077